# VIVACES

# LES IDÉES
## DU JARDINIER PARESSEUX

### Larry Hodgson

# VIVACES

97-B, Montée des Bouleaux
Saint-Constant, Qc, Canada J5A 1A9
Tél.: 450-638-3338, Téléc.: 450-638-4338
Internet: http://www.broquet.qc.ca
Courriel: info@broquet.qc.ca

### Catalogage avant publication de Bibliothèque et Archives Canada

Hodgson, Larry

Vivaces

(Les idées du jardinier paresseux)

Comprend des réf. bibliogr. et un index.

ISBN 978-2-89000-831-1

1. Plantes vivaces. 2. Plantes vivaces - Ouvrages illustrés. 3. Plantes vivaces - Québec (Province). I. Titre. II. Collection: Hodgson, Larry. Idées du jardinier paresseux.

SB434.H622 2007          635.9'32          C2007-940121-X

Pour l'aide à la réalisation de son programme éditorial,
l'éditeur remercie:
le Gouvernement du Canada par l'entremise du Programme
d'aide au développement de l'industrie de l'édition (PAIDÉ); la
Société de développement des entreprises culturelles (SODEC);
l'association pour l'exportation du livre canadien (AELC). Le
Gouvernement du Québec - Programme de crédit d'impôt pour
l'édition de livres - Gestion SODEC.

Copyright © Broquet Inc., Ottawa 2007
Dépôt légal - Bibliothèque nationale du Québec
1er trimestre 2007

Illustrations: Claire Tourigny
Réviseurs: Denis Poulet, Marcel Broquet
Infographie: Brigit Levesque DA, Josée Fortin, Émilie Rainville

ISBN: 978-2-89000-831-1

Imprimé au Canada

# TABLE DES MATIÈRES

» **Introduction**                                                                    7


PREMIÈRE PARTIE
TECHNIQUES DE CULTURE                                                         9

» **Définissons notre sujet**                                                         9

   Une vivace, « qu'est-ce que ça mange le matin ? »                              9

   Nécessairement rustiques                                                       9

» **Carte des zones pour le Québec et les provinces limitrophes**      10

» **Comment utiliser les vivaces**                                               11

   Assurer un bel effet en toute saison                                         14

» **Aménager avec des vivaces**                                                  15

» **La plate-bande d'entretien minimal**                                       16

   Le sol : le secret du succès                                                  17

   Une nouvelle plate-bande selon la méthode du papier journal                 18

   Convertir une plate-bande établie à l'entretien minimal                     20

» **La culture des vivaces**                                                     23

   Exposition                                                                    24

» **La plantation des vivaces**                                                  26

   Plantation des vivaces à racines nues                                        28

   La barrière de plantation                                                     29

   Comment composer avec la compétition racinaire                               30

» **L'entretien d'une plate-bande d'entretien minimal**                        32

   L'arrosage                                                                    32

   La fertilisation                                                              34

   Le tuteurage                                                                  34

» **La taille**                                              35

    La suppression des fleurs fanées            35

    La taille d'embellissement                  37

» **Le nettoyage et autres travaux inutiles**                37

    Le ménage automnal                          38

    Le ménage printanier                        39

    La protection hivernale                     40

    La division de routine                      40

» **La multiplication**                                      41

    La division                                 41

    Les semis                                   42

    Le bouturage                                42

    Le marcottage                               43

» **La culture en pot : un cas particulier**                 43

» **Maladies et parasites**                                  45

» **Mauvaises herbes**                                       47


DEUXIÈME PARTIE
VIVACES POUR JARDINIERS PARESSEUX                            49


» **Glossaire**                                              150

» **Bibliographie**                                          150

» **Index**                                                  151

# INTRODUCTION

Bienvenue au premier titre de la nouvelle collection *Les idées du jardinier paresseux*. Cette série vise à combler un besoin. En effet, les livres de la série *Le jardinier paresseux* ont souvent plus de 500 pages. Ils s'apportent donc difficilement au magasin lorsque vient le temps de faire l'achat de plantes; or, les jardiniers paresseux ont besoin d'un guide de format pratique pour les aider à faire le meilleur choix. Les livres de la série *Les idées du jardinier paresseux* présenteront sommairement les plantes et donneront un aperçu des techniques qui se rapportent à leur culture, mais bien entendu toujours du point de vue d'un jardinier paresseux. On n'y trouvera donc pas de techniques de jardinage tatillonnes ou qui demandent beaucoup de temps et d'énergie. Après tout, un bon jardinier paresseux veut profiter de son jardin, pas y travailler.

Vous ne verrez donc pas grand-chose dans ce livre sur des techniques pointilleuses et sophistiquées comme le tuteurage, la suppression des fleurs fanées, les traitements contre les insectes, etc. Pourquoi traiter de ces sujets en détail puisque aucune des plantes dans ce livre n'en a réellement besoin? Bien sûr, le choix des plantes privilégie celles qui offrent une belle apparence sur une longue période, mais qui peuvent pousser sans la moindre aide de votre part. Il suffit de planter les plantes présentées et décrites dans ce livre et de les oublier, voilà tout.

Dans la première partie du livre, il est question des techniques pour faire du jardinage un jeu d'enfant. Dans la seconde, je vous présente 200 vivaces de culture facile; pour chacune, vous trouverez une fiche signalétique résumant l'essentiel des données sur la plante (nom botanique, famille, hauteur, largeur, exposition, sol, période de floraison et zone de rusticité), puis un court texte qui donne quelques idées sur sa culture. Et, s'il y a lieu, je propose ensuite des cultivars particulièrement bien adaptés aux jardiniers qui aiment mieux admirer leur aménagement que de l'arroser.

Jardinez en toute paresse!

*Larry Hodgson*
*Le jardinier paresseux*

# PREMIÈRE
## PARTIE

# TECHNIQUES DE CULTURE

## DÉFINISSONS NOTRE SUJET

### Une vivace, « qu'est-ce que ça mange le matin ? »

Une vivace est une plante herbacée, donc sans bois. Habituellement son feuillage meurt à l'automne et la plante renaît d'une couronne enterrée ou exposée. Certaines vivaces conservent cependant leur feuillage durant l'hiver.

Par définition, une vivace vit deux ans ou plus, alors qu'une annuelle ne vit qu'un an ou une bisannuelle deux ans. Une vivace n'est pas forcément éternelle. Il y a des « vivaces de courte vie » qui durent à peine plus que des bisannuelles, et ne font que deux ou trois floraisons avant de mourir. Par contre, certaines vivaces *sont* pratiquement éternelles. Les pivoines centenaires, par exemple, se comptent par… centaines.

En général, et c'est le cas dans ce livre, on n'inclut pas les bulbes et les plantes aquatiques parmi les « vivaces », on les place dans leur propre catégorie, même si, dans le fond, elles satisfont à tous les critères d'une vivace. Certaines grimpantes sont également des vivaces (c'est-à-dire des plantes herbacées qui meurent au sol l'hiver), mais d'autres sont des annuelles ou même des arbustes. Il est donc plus logique de les regrouper et de les traiter ensemble en tant que plantes grimpantes. Enfin, les fougères et les graminées sont souvent traitées indépendamment des « autres vivaces ». J'ai cru bon de le faire aussi dans ce livre.

La pivoine commune (*Paeonia lactiflora*) est une vivace typique : elle meurt au sol l'hiver pour renaître au printemps.

### Nécessairement rustiques

Notre définition initiale d'une vivace manque d'un élément essentiel : il faut ajouter le qualificatif « rustique » au mot « vivace » si on veut être bien clair. Vous comprendrez qu'une violette africaine (*Saintpaulia ionantha*) est une vivace… dans son Afrique natale, mais au Canada, elle se

Photo : Jeffries Nurseries

Photo : www.jardinierparesseux.com

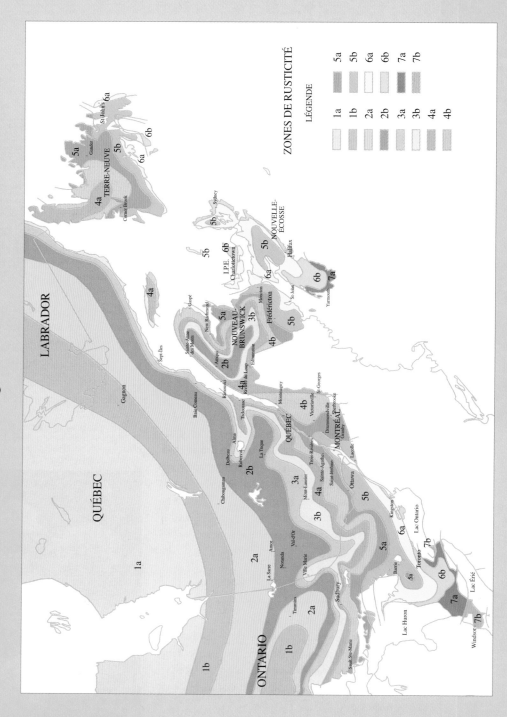

CARTE DES ZONES POUR LE QUÉBEC ET LES PROVINCES LIMITROPHES

ZONES DE RUSTICITÉ

LÉGENDE

1a 1b 2a 2b 3a 3b 4a 4b
5a 5b 6a 6b 7a 7b

comporte comme une annuelle ; elle meurt à la fin de la première saison si on a osé la planter à l'extérieur. Toute vivace présentée dans ce livre se doit d'être *rustique,* c'est-à-dire capable de survivre au froid hivernal. Et voilà que les choses se corsent. En effet, de quel froid parlons-nous ? À Montréal, dans le sud du Québec, -25 °C c'est froid ; à Ivujivik, à l'extrémité nord de la province, à -25 °C on se met en tenue estivale !

C'est pourquoi les jardiniers se réfèrent à des « zones de rusticité ». Ces zones vont du plus froid au plus chaud, de 0 pour Ivujivik à 5 pour Montréal ; Cancun au Mexique est dans la zone 10. Pour améliorer l'exactitude de notre carte, on peut diviser les zones en deux parties : a, pour la partie la plus froide de la zone, et b, pour la partie la plus chaude. Ainsi, Montréal, est en zone 5b, et représente la partie la plus chaude de la province. C'est Agriculture Canada qui a mis au point la carte des zones de rusticité que vous voyez ici. Ces zones sont principalement basées sur la température minimale dans une région donnée, mais aussi sur d'autres facteurs qui affectent la résistance au froid des plantes, comme la couverture de neige. Il vaut la peine de localiser votre municipalité sur la carte et de connaître votre zone de rusticité par cœur.

La zone de rusticité indiquée pour les vivaces dans ce livre – et généralement aussi en pépinière – correspond à la zone de rusticité la plus froide que la plante peut tolérer sans protection. À titre d'exemple, la pivoine commune (*Paeonia lactiflora*) est cotée 3. Autrement dit, cette plante peut survivre à l'hiver en zone 3 (au Saguenay, par exemple) et *dans toute zone dont le nombre est supérieur.* Au Canada, il suffit en effet de n'indiquer que la zone minimale où la plante peut pousser ; il n'est donc pas indispensable de dire « zones 3 à 8 ». Par la zone donnée, ici 3, on sous-entend « et toute zone au nombre supérieur ».

Ces zones de rusticité ne sont pas parfaites. Souvent on peut cultiver une plante au-delà de sa zone. Ainsi, si l'on profite toujours d'une bonne couche de neige en zone 3, une vivace de zone 4 va peut-être s'y plaire. Par contre, comme les hivers se suivent et ne se ressemblent pas – un hiver sans neige n'est pas impossible même dans les régions où il y en a d'habitude beaucoup –, il vaut mieux ne choisir que des plantes de la zone de rusticité indiquée ou de toute zone inférieure. Supposons que vous résidez en zone 3, vous pourriez choisir des vivaces de zone 1, 2 ou 3. Si vous résidez en zone 5, des vivaces de zone 1, 2, 3, 4 ou 5. Choisir des vivaces suffisamment rustiques pour le lieu où vous allez les planter est une condition de base pour le jardinier paresseux, car les vivaces qui meurent doivent être remplacées et c'est du travail. Comme les vivaces suffisamment rustiques risquent moins de mourir que les vivaces peu rustiques, elles demandent tout naturellement moins de travail.

## COMMENT UTILISER LES VIVACES

Les vivaces sont principalement utilisées dans les jardins de fleurs que nous appelons « plates-bandes », où elles sont soit plantées au milieu d'autres plantes, selon la tradition de la plate-bande mixte ou à l'anglaise, ce qui est le procédé le plus courant, soit dans des groupes uniformes appelés alors « massifs ». On les emploie également dans des jardins étagés, composés de roches,

Plate-bande mixte ou plate-bande à l'anglaise.    Photo : www.jardinierparesseux.com

appelés rocailles. Moins couramment, même si ce procédé se répand de plus en plus, on les utilise pour créer des tapis de verdure sous des arbres ou dans des pentes ; on les appelle alors souvent « couvre-sols ». On peut même faire des gazons avec ces couvre-sols pour les endroits peu passants, mais attention, un gazon de vivaces ne supportera pas nécessairement des matches de football !

On utilise parfois les vivaces dans un pré fleuri. Il s'agit, si l'on veut, d'un « champ » embelli où l'on établit des annuelles, des bisannuelles et des vivaces, en plus des graminées habituelles, de façon à créer une prairie beaucoup plus fleurie qu'un pré ordinaire. Habituellement on choisit à cette fin surtout des vivaces aux fleurs simples et d'allure « sauvage ». Souvent ces vivaces proviennent de sachets de semences spécifiquement préparés pour les prés fleuris.

Il est surprenant de constater que les vivaces sont peu souvent utilisées en haies ou en écrans dans nos aménagements. Pourtant, les grandes vivaces se prêtent parfaitement à cette utilisation. D'accord, elles ne cachent pas les vues désagréables durant l'hiver (à cette fin, il n'y a vraiment que les conifères et les arbustes qui pourront vous aider), mais très souvent, au contraire, on veut ouvrir la perspective l'hiver, quand on admire le paysage d'une fenêtre plutôt que du terrain. C'est l'été qu'on veut souligner des lignes et créer de l'intimité, et dans ce cas les vivaces, qui disparaissent à l'automne et réapparaissent à la fin du printemps, créent une haie parfaite. De plus, là où les haies de conifères et d'arbustes établies près des routes sont souvent brisées par la neige lancée par les souffleuses ou abîmées par le sel de déglaçage, une haie de vivaces ne sera pas dérangée, car les plantes restent bien cachées sous le sol l'hiver, à l'abri des souffleuses et même du calcium. Dans ce dernier cas, le dommage est surtout causé par les embruns salés qui se fixent sur les végétaux exposés et brûlent leur bourgeons dormants. Or, ceux des vivaces sont sous le sol. Il suffit de bien arroser au printemps, si la pluie n'a pas déjà fait le travail, pour diluer le sel et le chasser de la zone des racines par percolation. Parmi les vivaces qui conviennent à l'utilisation comme haies estivales, il y a l'amsonie, la barbe de bouc, le phlox des jardins, les eupatoires, les grandes hémérocalles, la persicaire polymorphe et les pivoines. Et planter une haie est si simple : il suffit de planter la vivace choisie selon son espacement habituel mais en ligne droite.

Va pour l'utilisation des vivaces en pleine terre. Il est moins évident de les utiliser en contenant. D'abord, beaucoup de variétés sont trop grosses pour une telle utilisation. Surtout, les vivaces ont rarement une floraison assez soutenue pour être très intéressantes en pot, contrairement aux annuelles dont plusieurs fleurissent tout l'été. Comme les plantes en pot sont nécessairement en vedette, pourquoi mettre en vedette des plantes qui ne sont pas belles ? L'exception, ce sont les vivaces qui sont surtout cultivées pour leur feuillage attrayant (les vivaces ne sont pas toutes cultivées pour leurs fleurs), car leurs feuilles sont belles toute la saison, ainsi que les vivaces alpines, de toutes petites plantes avec lesquelles on peut composer des paysages miniatures et

Les vivaces, comme ces barbes de bouc (*Aruncus dioicus*) font d'excellentes haies.

Photo : www.jardinierparesseux.com

Les vivaces alpines sont superbes en auge, car les cultiver en contenant les met en valeur.

Un savant mélange de vivaces et de bulbes à périodes de floraisons différentes permet de créer une superbe plate-bande mixte.

Photo : www.jardinierparesseux.com

dont le feuillage prime souvent sur la floraison. On peut cultiver ces « exceptions » dans des jardinières (boîtes à fleurs), des bacs, des paniers ou des auges en pierre (ce dernier contenant est surtout populaire dans la création de paysages miniatures de plantes alpines). Pour la culture des vivaces en pot, voir page 43.

## Assurer un bel effet en toute saison

Peu de vivaces sont attrayantes en toute saison, sauf peut-être quelques petites variétés à feuillage persistant. La façon habituelle de les utiliser est donc de les mélanger selon leur période d'intérêt afin d'avoir quelque chose en fleurs en tout temps. Car il y a des vivaces qui fleurissent au printemps, et d'autres au début de l'été, au milieu de l'été, à la fin de l'été ou à l'automne. Il y a cependant de plus en plus de vivaces, surtout des hybrides créés par l'homme, qui fleurissent longtemps, voire tout l'été. On peut les utiliser abondamment, car elles comblent bien les trous parmi les vivaces plus typiques dont la floraison dure environ de deux à trois semaines. Mais les vivaces à floraison estivale prolongée ne fleurissent pas au printemps, période où il y a relativement peu de vivaces en fleurs de toute façon. Pour compenser cette floraison printanière faible, on peut combler avec des bulbes rustiques, qui présentent de toute façon un comportement très semblable aux vivaces et se marient très bien avec elles. Ainsi, avec un savant mélange de vivaces et de bulbes, on peut obtenir une floraison constante durant tout l'été.

Là où les vivaces nous laissent un peu tomber, c'est dans leur faible hauteur et leur peu d'attrait hivernal. Oui, il y a quelques vivaces de grande taille, mais peu dépassent 3 m. C'est réellement très peu quand on les compare aux arbres, aux conifères, aux grimpantes et même aux arbustes. Leur effet hivernal est aussi presque toujours faible. Les vivaces à feuillage persistant offrent quand même de la couleur – tant qu'elles ne sont pas couvertes de neige –, mais presque sans exception leurs feuilles sont de très faible hauteur, le plus souvent collées au sol. Certaines vivaces à feuilles caduques ont des tiges florales qui sèchent sur place, offrant un certain attrait durant l'hiver, mais rien qui puisse se comparer aux arbres avec leur tronc et leurs branches exposés, aux arbustes souvent à écorce décorative ou ornées de fruits, ou aux conifères toujours de vert vêtus. Une plate-bande composée uniquement de vivaces et d'autres plantes herbacées est plutôt sans intérêt durant l'hiver; il est donc toujours utile d'ajouter quelques arbustes ou conifères à une plate-bande ou à une rocaille pour l'intérêt hivernal.

Deux mots sur les annuelles et les bisannuelles, deux autres ingrédients d'une plate-bande très fleurie. Toutes deux ont une capacité de floraison peu ordinaire que les vivaces ne peuvent pas égaler. La plupart des annuelles fleurissent tout l'été et produisent une quantité extraordinaire de fleurs. Seules les bisannuelles peuvent les battre : ces plantes ont souvent des tiges florales dressées où il peut y avoir plus de 1000 fleurs en même temps. Les meilleures « plates-bandes de vivaces » contiennent donc aussi une bonne part d'annuelles et de bisannuelles.

## AMÉNAGER AVEC DES VIVACES

Faut-il un plan pour votre aménagement? Si vous y tenez, mais ce n'est pas obligatoire. Même les plus beaux jardins au monde ont rarement été couchés sur papier… ou si ce fut le cas, c'était par après! Il peut être davantage utile, avant de planter, de placer les vivaces en pot selon l'espacement recommandé et de voir l'effet.

Évidemment, si la plate-bande est appuyée contre un mur, une clôture ou une haie, on placera les plantes les plus basses à l'avant, les plantes de hauteur moyenne au centre et les plantes hautes vers l'arrière. Si la plate-bande est visible de deux côtés, les plantes hautes iront au centre, les moyennes autour et les plus basses en bordure.

À l'intérieur d'un aménagement, il faut prévoir l'effet que les vivaces auront après la plantation. Si vous prévoyez une plate-bande mixte, sans doute que vous voudrez planter vos vivaces par petits groupes, c'est-à-dire par « taches de couleur ». Selon la largeur de la plate-bande, cela veut dire de 5 à 10 petites vivaces par groupe ou 3 à 5 de taille moyenne. Seules les plus grandes vivaces, comme la persicaire polymorphe (*Persicaria polymorpha*), ont assez de prestance pour former en soi une tache de couleur.

Avant de planter, placez les vivaces sur le sol et imaginez l'effet qu'elles auront.

Placez les vivaces basses à l'avant-plan, les vivaces de hauteur moyenne au milieu et les grandes vivaces à l'arrière-plan.

Pour assurer un bel effet, plantez par taches de couleur.

Maintenant, répétez les taches. Le secret de l'harmonie dans un aménagement est tout simplement la répétition des plantes. L'œil *adore* la répétition. Si vous avez une «tache» de *Phlox* 'David' à droite, placez-en une autre à gauche et peut-être une autre près du centre (n'essayez pas d'obtenir une symétrie trop parfaite dans un jardin mixte, car il aurait un air trop figé). Faites la même chose avec une autre vivace, puis encore une autre, quatre taches de l'une, trois d'une autre, sept encore d'une autre, etc. N'oubliez pas, en choisissant des vivaces, de vous assurer que vous aurez des plantes pour toute la belle saison, du printemps à l'automne.

Si, au contraire, vous désirez un massif de vivaces ou une bande de la même vivace en bordure, plantez en quinconce plutôt qu'en grille (pour un massif) ou en ligne (pour une bordure). Cela donne une meilleure densité et élimine l'effet de « rang d'oignons » qu'on voit trop souvent.

## LA PLATE-BANDE D'ENTRETIEN MINIMAL

Le but de cette section est de vous lancer sur la bonne piste, de vous montrer comment obtenir une plate-bande de vivaces qui n'a presque pas besoin d'entretien. Qu'est-ce que je veux dire par entretien minimal ? J'entends par là *aucun* entretien régulier, presque pas de désherbage, très peu d'arrosage et seulement un minimum de nettoyage. Pour une plate-bande « moyenne » d'environ 10 m x 1,5 m, cela signifie environ deux heures d'efforts par année une fois que la plate-bande est établie. C'est réellement très peu.

Le concept d'une plate-bande d'entretien minimal repose sur six facteurs :

Dans la plate-bande d'entretien minimal, les plantes sont au service du jardinier, pas le contraire.

- une terre de qualité qui se draine bien ;
- l'élimination préalable des mauvaises herbes ;
- un espacement serré qui ne laisse aucun espace vide de végétation ;
- l'utilisation d'un abondant paillis décomposable ;
- l'emploi d'un tuyau suintant pour l'irrigation (facultatif, selon les conditions) ;
- un ménage minimal au printemps.

Et la méthode préconise l'élimination de deux techniques traditionnelles qui sont considérées comme nuisibles aux sols et aux plantes pour le jardinier paresseux :

- le sarclage ;
- le ménage automnal.

Dans le fond, la plate-bande d'entretien minimal imite ce qui se fait dans la nature. Personne ne passe avec un motoculteur ou une binette dans la nature pour retourner le sol à tous les printemps comme le font encore beaucoup de jardiniers. Ce n'est pas non plus très écologique, car c'est une cause importante d'érosion et les micro-organismes dans le sol sont détruits… Et que de travail! On laisse plutôt les «déchets» (feuilles et tiges mortes principalement) s'accumuler à la surface du sol et se décomposer peu à peu. Dans la nature, les vers de terre, les insectes et les micro-organismes font descendre les particules décomposées dans le sol et l'enrichissent. Dans une plate-bande d'entretien minimal, on fait la même chose : on arrête de retourner le sol, on dépose de la matière organique (le paillis) en surface et on laisse les petites bestioles du sol s'occuper d'en distribuer les richesses.

## Le sol : le secret du succès

On peut cultiver des vivaces dans n'importe quelle terre et obtenir des résultats… quelconques. Il y a des vivaces qui tolèrent toutes les conditions, donc qui réussiront très bien même dans le pire sol au monde. Vous pouvez vous contenter de vivaces naturellement adaptées à votre sol d'origine, mais si vous voulez cultiver une vaste gamme de vivaces, il vaut la peine d'améliorer le sol. En effet, si certaines vivaces tolèrent des conditions extrêmes – sol très sec, sol pauvre en minéraux, sol très acide, sol calcaire, etc. –, la plupart pousseront avec plus de vigueur dans un sol riche en matière organique, bien drainé, légèrement acide (un pH d'environ 6 à 7) et toujours un peu humide. Une telle situation réunit un maximum de conditions gagnantes pour le succès des vivaces et vous pourrez cultiver alors presque n'importe quelle vivace.

Malheureusement, l'état des sols de nos terrains est souvent lamentable. C'est que, lors de la construction, les entrepreneurs prélèvent la bonne terre qui était en surface (la terre dite arable) et la vendent, vous laissant avec une terre de sous-sol, soit souvent des roches, de la glaise ou du sable. La terre arable était peut-être très proche de l'idéal pour les vivaces, mais le sous-sol n'est pas du tout intéressant.

Des générations de jardiniers ont appris que la meilleure façon d'améliorer un sol de piètre qualité était d'y mélanger beaucoup de matière organique. Celle-ci (compost, tourbe, fumier, etc.) améliore les choses de plusieurs manières. D'abord, elle ajoute des minéraux au sol, qu'elle libérera lentement au cours de sa décomposition, mais surtout, elle améliore sa structure.

Les sols glaiseux (argileux) sont souvent très riches en minéraux, mais sont composés de particules très fines qui se tassent les unes contre les autres. C'est ce qui rend les sols glaiseux si durs et si impénétrables, et qui les laisse détrempés longtemps au printemps, car ils se drainent mal; ils sont par ailleurs difficiles à mouiller une fois qu'ils sont secs, car l'eau a peine à y pénétrer. Il y a aussi très peu d'oxygène dans un sol glaiseux, car il y a peu d'espace entre les particules où l'air peut circuler. Or, une fois mélangée à la glaise, la matière organique brise la forte cohésion des particules, laissant l'eau et l'air pénétrer. Par contre, mélanger de la matière organique avec de la glaise, quel labeur de misère! La glaise est en effet une terre lourde, et quand on retourne une

Photo : www.jardinierparesseux.com

Labourer le sol demande beaucoup d'efforts et donne des résultats très peu durables. Tout est à recommencer après seulement quelques années !

terre glaiseuse, elle reste en mottes plutôt que de se défaire.

Curieusement, la matière organique aide aussi à corriger les sols sablonneux, pourtant tout le contraire des sols glaiseux. Plutôt que d'être durs et difficilement perméables à l'eau, ces sols sont légers, faciles à creuser, et l'eau s'y draine comme à travers une passoire. De plus, les sols sablonneux sont souvent très pauvres, car ils sont constamment lessivés par la pluie. La matière organique agit alors comme une éponge en aidant le sol à retenir l'eau qui passe pour la libérer peu à peu, ce qui rend le sol plus « humide ». Et elle apporte aussi des minéraux aux sols sablonneux, et les rend plus riches.

Jusqu'ici, tout paraît facile : il suffit d'ajouter de la matière organique à tout sol et sa qualité s'améliorera. C'est très vrai, sauf que… l'effet ne dure pas. La matière organique est faite pour se décomposer et disparaît assez rapidement. Ainsi la terre retourne-t-elle à ses origines : une terre de sous-sol exécrable qu'il faut améliorer encore et encore, ce qui n'est pas du tout pratique dans une plate-bande occupée par des plantes permanentes comme les vivaces.

C'est pourquoi je déconseille le labourage dans un jardin ornemental. Pas de labourage, pas de sarclage, pas de binage : selon mon expérience, moins on retourne la terre, mieux c'est ! Non seulement ne pas retourner la terre donne moins de travail (et comment !), mais en retournant la terre, on détruit sa structure et on élimine en bonne partie les micro-organismes nécessaires à la bonne croissance des plantes. C'est pourquoi je suggère, plutôt que de retourner la terre encore et encore pour maintenir une bonne qualité, de remettre en place la couche arable disparue… et de ne plus y toucher.

## Une nouvelle plate-bande selon la méthode du papier journal

Quand vous préparez une nouvelle plate-bande ou que vous en réaménagez une ancienne à partir de zéro, il n'est pas nécessaire de retourner la terre en profondeur selon la tradition, une étape aussi dure pour les mains que pour le dos. Ajoutez tout simplement une bonne couche de terre en surface. Et voici comment procéder.

Quelques semaines avant de préparer la plate-bande, commencez à accumuler du papier journal (du carton non ciré peut aussi convenir). Commandez aussi de la terre ; il est plus économique de l'acheter en vrac qu'en sacs. Évitez comme la peste la « terre noire », qui est une terre de troisième qualité, très acide et très pauvre ; vous voulez une terre de jardin… et une terre de qualité. Il faut insister auprès du fournisseur pour avoir de la terre libre de mauvaises herbes. Il y a une technique qui permet d'éliminer automatiquement et sans peine les mauvaises herbes déjà présentes : pourquoi payer pour en avoir d'autres ?

Faut-il mélanger du compost, de l'engrais, du fumier à cette terre fraîchement achetée ? Vous pouvez si vous le voulez, mais si vous avez acheté de la terre de qualité, ils ne seront pas nécessaires.

Contrairement aux autres méthodes pour faire une nouvelle plate-bande, il n'est pas nécessaire d'enlever le gazon ou les autres plantations déjà sur place. Par contre, s'il y a de grandes plantes, vous pouvez les faucher ou les tondre, et laisser leurs tiges sur place.

Quand la terre a été livrée, posez un seau près de l'emplacement et placez-y le papier journal, puis remplissez le seau d'eau. C'est que le papier journal sec tend à partir au vent ; le papier mouillé se moulera au sol et ne bougera pas même lors de la pire tempête. Maintenant, recouvrez toute la surface de la future plate-bande de 7 à 10 feuilles de papier. Les papiers doivent bien se chevaucher et bien recouvrir les coins pour créer une barrière complète. Si par mégarde vous percez le papier avec un outil ou avec le pied, recouvrez la section découverte d'autres feuilles de papier journal : la barrière doit être intacte pour être efficace. C'est en effet ce que vous êtes en train d'installer, une barrière temporaire entre les plantes déjà là, qu'on peut désormais appeler « mauvaises herbes », et les vivaces qui vont être plantées. Le papier journal, plus le poids de la terre, empêchera les mauvaises herbes d'avoir accès à la lumière. Et une plante sans lumière est une plante morte.

Maintenant, déposez 20 cm de terre à jardin sur le papier journal. C'est suffisant pour commencer une plate-bande et faire les premières plantations. Plus de

Recouvrez le sol d'une barrière de papier journal, en veillant à ce que les feuilles se chevauchent bien.

Déposez 20 cm de terre sur la barrière de papier journal.

On finit toujours toute plantation par l'application d'une couche de paillis.

20 cm et vous risquez de nuire aux racines des arbres ou des arbustes déjà présents dans le secteur. S'il n'y a pas d'arbres, de conifères ou d'arbres dans le secteur, vous pouvez étendre 30 cm de terre ou même plus. Mais 20 cm constitue déjà une excellente couche arable.

Vous pouvez commencer les plantations immédiatement après (voir la méthode à la page 26). C'est à cette étape que l'on installe le tuyau suintant, si besoin est. Maintenant, recouvrez le sol de 7 à 10 cm de paillis décomposable, comme des feuilles déchiquetées, des écailles de cacao ou de sarrasin, du bois raméal fragmenté, etc. Évitez les paillis de conifères, plus esthétiques peut-être, mais qui ne stimulent pas la croissance des plantes. Vous voulez un paillis qui enrichira le sol plutôt que de l'appauvrir. Le paillis sert à plusieurs fins (voir p. 21 à 23), mais sa fonction la plus importante ici est d'empêcher les graines de mauvaises herbes apportées par le vent, les animaux, les outils ou autres de germer. Les graines ne peuvent pas germer *sur* un paillis, et si elles infiltrent celui-ci, emportées par l'eau de pluie, pour atteindre le sol où leur germination est désormais possible, elles ne pourront pas germer non plus, car il n'y a plus de lumière ; or, la présence de lumière est une condition *sine qua non* de la germination des plantes adventices. Vous commencez donc votre nouvelle plate-bande dans une bonne terre sans mauvaises herbes : c'est un départ très encourageant ! Et comme vous êtes parti du bon pied, il sera facile de maintenir cette plate-bande « presque sans entretien » toute sa vie durant.

Notez que les « mauvaises herbes » recouvertes de papier journal et de terre mourront au cours de la première saison et se décomposeront pour devenir du compost et enrichir le sol. Le papier journal aussi disparaîtra après environ un an, devenant du compost et enrichissant le sol à son tour. Ainsi les racines de vos vivaces pourront-elles descendre à la profondeur requise pour leur bonne croissance.

Vous remarquerez que la qualité du sous-sol a peu d'effet sur la plate-bande posée par-dessus. D'accord, une plate-bande située sur du sable aura toujours tendance à être un peu plus sèche et un peu moins riche qu'une plate-bande surmontant un sous-sol de glaise, mais la différence n'est pas majeure. Vous arroserez un peu plus et vous aurez à mettre plus de compost ou d'engrais, voilà tout. Mais vous aurez une excellente plate-bande dans les deux cas.

## Convertir une plate-bande établie à l'entretien minimal

Si vous avez déjà une plate-bande dont le sol est de qualité douteuse et que vous ne voulez pas la refaire mais que vous cherchez quand même à en réduire l'entretien, il y a moyen d'y parvenir. Par contre, s'il y a un problème majeur d'envahissement par des mauvaises herbes à racines traçantes – prêle, chiendent, muguet, vesce jargeau, herbe-aux-goutteux, etc. –, mieux vaut tout reconsidérer. Il est *très* difficile de contrôler les mauvaises herbes qui courent sans les étouffer sous une barrière, et on peut difficilement le faire dans une plate-bande remplie de vivaces à travers lesquelles les rhizomes peuvent se cacher. Se contenter de les arracher ne suffit jamais : elles repousseront de la moindre section de rhizome laissée en terre. Et si elles sont déjà présentes, elles passeront sans peine à travers les paillis. Les mauvaises herbes annuelles, comme le chou gras et l'herbe à poux, et les autres mauvaises herbes vivaces, comme le pissenlit ou le plantain, sont par contre faciles à contrôler en les coupant ou en les arrachant, et en recouvrant le sol de paillis. Si ce sont celles qui dominent dans votre plate-bande, vous pouvez procéder à votre conversion.

Lorsqu'une plate-bande d'entretien minimal est établie, on n'a plus jamais besoin de sarcler (voir p. 18), mais pour convertir une plate-bande existante en une plate-bande d'entretien minimal, il faudra la sarcler une dernière fois afin d'ameublir le sol, qui est généralement très compacté, et arracher rapidement les mauvaises herbes déjà présentes. Sarclez bien, enlevez manuellement les mauvaises herbes qui ont été déterrées par le sarclage, et appliquez 2 cm de compost et un engrais biologique à dégagement lent, puis sarclez légèrement de nouveau pour faire descendre ces amendements un peu dans le sol. Maintenant, recouvrez le sol d'un épais paillis décomposable (voir ci-dessous) d'environ 7,5 à 10 cm dans le but d'empêcher la germination des graines de mauvaises herbes remontées par le sarclage et de réduire les besoins en arrosage.

Il est vrai que certaines mauvaises herbes repousseront (cette méthode est un compromis qui ne permet pas de passer l'éponge comme avec du papier journal), mais il s'agit de les arracher et de combler le trou avec du paillis. À force de le faire, les mauvaises herbes diminueront en nombre pour disparaître un jour.

Contrairement à la technique du papier journal, la conversion d'une plate-bande traditionnelle à l'entretien minimal n'améliore pas beaucoup la qualité du sol dans l'immédiat ; il sera donc nécessaire de le fertiliser régulièrement. Toutefois, en se décomposant, le paillis travaillera peu à peu à améliorer la qualité du sol. Avec le temps, vous remarquerez que les plantes pousseront de mieux en mieux et l'engrais sera moins nécessaire, mais il faut continuer de rajouter du paillis pour aider à maintenir la qualité du sol.

## QUELQUES MOTS SUR LES PAILLIS

**La technique de paillage joue un rôle essentiel dans la plate-bande d'entretien minimal. Cette couche de matière organique réplique la couche de feuilles mortes en décomposition qu'on trouve dans les forêts (la litière forestière). Le paillis joue ainsi plusieurs rôles :**

- il empêche la germination des graines indésirables et élimine ou presque les mauvaises herbes ;

- il réduit l'évaporation à partir du sol, et maintient la terre fraîche et humide, même en plein été ;

- il agit comme une éponge en période de pluies excessives, ce qui prévient la pourriture ;

Le paillis est un élément essentiel d'une plate-bande d'entretien minimal.

Photo : www.jardinierparesseux.com

- il protège le sol du compactage causé par la force de la pluie et élimine alors le besoin de sarcler pour aérer le sol;

- il empêche les spores de maladies de monter sur le feuillage et prévient alors beaucoup d'infestations;

- il réduit (même qu'il élimine) l'érosion du sol par le vent et le ruissellement;

- il capte la pluie qui tombe plutôt que de la laisser s'écouler dans les égouts;

- il empêche la pluie de projeter de la terre sur la plante et garde ainsi le feuillage propre;

- il décourage les limaces, qui préfèrent circuler sur un sol bien tapé;

- il héberge des insectes bénéfiques, notamment les insectes prédateurs qui répriment les insectes nuisibles;

- il se décompose en enrichissant le sol en matière organique et en minéraux;

- les feuilles mortes fondent dans un paillis décomposable et il n'est donc pas nécessaire de les ramasser.

**Ainsi, non seulement le paillis réduit-il le travail pour le jardinier paresseux, et de beaucoup, mais la plupart des vivaces poussent mieux avec un paillis.**

**Mais le paillis a-t-il des défauts? Oui, quelques-uns:**

- il empêche non seulement les graines de mauvaises herbes de germer, mais aussi les graines des plantes désirables: si vous voulez que certaines plantes se ressèment spontanément, il faut laisser des espaces libres de paillis;

- si 95% des vivaces préfèrent le sol riche et légèrement humide que donne le paillis, il reste quelques vivaces qui préfèrent un sol pauvre et sec; ces vivaces pousseraient mieux avec un paillis de pierres;

- un bon paillis se décompose rapidement et on doit le remplacer souvent.

En passant, il ne faut pas avoir peur que les paillis «enterrent» vos plantes. Un paillis est plus léger que la terre, et les plantes ne réagissent pas de la même façon au paillis que si on venait de les recouvrir de terre. Les plantes passent à travers un paillis comme s'il n'était pas là pour étaler leur feuillage à sa surface.

Le paillis à préférer pour la majorité des vivaces est le paillis «décomposable», un paillis léger fait de matières organiques qui se décomposent rapidement, comme des feuilles déchiquetées, des écailles de cacao ou de sarrasin, du bois raméal fragmenté, du paillis forestier, etc. Les paillis de conifères, pourtant populaires, sont à éviter: ils sont pauvres en minéraux et rajoutent peu de matière organique au sol. Au lieu d'enrichir le sol et d'améliorer et de maintenir sa qualité comme le fait le paillis décomposable, les paillis de conifères appauvrissent le sol et nuisent à la croissance des plantes. Si vous n'avez pas d'autre choix, ajoutez au moins du compost pour compenser leurs défauts.

L'utilisation des paillis est facile. Il s'agit de les appliquer entre les plantes dans la plate-bande à une hauteur de 7 à 10 cm, de préférence immédiatement après la plantation… sinon n'importe quand (mieux vaut tard que jamais!). Il n'est pas nécessaire de les retourner ou de les déplacer selon la saison (malgré de curieuses croyances voulant qu'il faut les enlever au printemps pour laisser le sol se réchauffer ou qu'il faut attendre pour les appliquer que le sol soit gelé à l'automne). Vous pouvez les appliquer quand bon vous semble.

Il faut toutefois remplacer les paillis quand ils se décomposent, ce qui peut être très fréquemment avec certains paillis, comme les feuilles déchiquetées. On peut considérer un paillis comme efficace tant et aussi longtemps qu'il atteint 5 cm d'épaisseur. À moins de 5 cm, la lumière peut y pénétrer, ce qui permet aux graines de mauvaises herbes de germer. C'est pourquoi je recommande de commencer avec 7 à 10 cm de paillis : cela vous donne un peu de répit avant qu'il soit temps d'en remettre. Il n'est toutefois pas nécessaire d'enlever l'ancien paillis quand il devient trop mince ; il suffit tout simplement de le recouvrir d'une nouvelle couche de paillis frais.

Saviez-vous qu'il est maintenant possible, dans certaines régions du moins, de faire appliquer du paillis par soufflage ?

Si l'application initiale de paillis se fait normalement au moment de la plantation, le moment idéal pour en rajouter est à l'automne, quand la plate-bande s'endort pour l'hiver… et quand l'un des paillis les plus intéressants, les feuilles déchiquetées, est le plus disponible. On peut alors l'appliquer à la grandeur de la plate-bande sans avoir peur de cacher des fleurs à la vue (10 cm de paillis est suffisant pour recouvrir certaines plantes basses). On peut aussi l'appliquer au printemps, mais, à moins de le faire très tôt, il faut alors procéder plus lentement pour ne pas enterrer les bulbes qui lèvent. Appliquer du paillis l'été est bien possible, mais c'est plus de travail, car il y a beaucoup de végétation et il faut alors étendre le paillis entre les plantes sans les enterrer plutôt que de l'étaler uniformément sur tout le sol lorsque le feuillage des vivaces est absent.

## LA CULTURE DES VIVACES

Il faut le dire : cultiver des vivaces n'est pas sorcier. Les vivaces sont, pour la vaste majorité, des plantes solides qui peuvent résister à presque toutes les épreuves… si on amorce leur culture du bon pied. Et ça, cela implique nécessairement de les planter au bon endroit. En effet, une vivace de soleil ne prospérera pas à l'ombre, une qui aime un sol humide aura de la difficulté dans un coin sec et une autre qui préfère les sols pauvres va vite disparaître dans un sol riche. La bonne plante à la bonne place, voilà le premier secret du succès avec *toutes* les plantes. Dans la deuxième partie, *Vivaces pour jardiniers paresseux*, vous trouverez des vivaces pour des coins

Quand on plante des vivaces dans les conditions qui leur conviennent, le succès est garanti!

humides ou secs, pour des sols riches ou pauvres, pour le soleil ou l'ombre, et beaucoup plus encore. Mais comment définir ces termes?

## Exposition

Exposition semble un terme très évident. Après tout, un emplacement n'est-il pas soit ensoleillé soit ombre? En fait, c'est rarement aussi simple. Peu d'emplacements, sauf peut-être le centre d'un pré d'herbes basses, sont réellement toujours au soleil. Il y a toujours une ombre quelconque, provenant d'un arbre, d'une structure ou tout simplement d'une vivace avoisinante plus grande. Et c'est la même chose pour l'ombre. Autrement que dans une caverne, l'ombre totale n'existe pas dans la nature. Il y a toujours de la lumière qui perce de quelque part, sinon le lieu serait entièrement noir. Même dans les forêts les plus denses, il ne fait jamais si noir qu'on n'y voit pas. Tout est donc question de degrés, mais comment définir les trois termes les plus courants, soit le soleil, la mi-ombre (ou l'ombre partielle) et l'ombre?

Traditionnellement, on essaie de définir l'exposition en nombre d'heures: 6 heures et plus serait le plein soleil, 2 à 4 heures l'ombre partielle, et 2 heures et moins l'ombre… C'est une définition, mais il y en a d'autres. Pourquoi? Parce que, dans le fond, personne n'a jamais réussi à mesurer le nombre d'heures de soleil qu'une plante reçoit par jour. Comment pourrait-on le faire? Faut-il que ce soit par une journée sans nuages, les nuages ne comptent-ils pas? Et quand? Au printemps, quand les jours ont 12 heures? Le 21 juin, quand ils en ont 16? L'idée même de devoir passer la journée au jardin avec un chronomètre, en comptant les minutes d'ensoleillement qui passent à travers les branches, frise le ridicule. Je préfère la « méthode du pétunia ».

Calculer le nombre d'heures d'ensoleillement est pratiquement impossible.

Photo: www.jardinierparesseux.com

Plutôt que d'essayer de deviner si un emplacement est assez ensoleillé pour être considéré comme au plein soleil, plutôt mi-ombragé ou ombragé, il suffit d'y planter un pétunia (*Petunia* x *hybrida*). S'il fleurit abondamment et devient gros, cet emplacement est au plein soleil; s'il reste plus petit et fleurit moins vigoureusement, c'est la mi-ombre; et s'il pousse peu et ne fleurit pas, c'est l'ombre.

Idéalement, pour un vaste choix de vivaces, la plate-bande serait au soleil. Presque toutes les vivaces peuvent pousser au soleil, surtout si le sol demeure toujours un peu humide ; seules quelques rares plantes ne le tolèrent pas du tout. Le deuxième choix, la mi-ombre, suit de très près, car la plupart des « plantes de plein soleil » peuvent tolérer la mi-ombre ; on ne perd donc pas beaucoup de joueurs.

L'ombre, par contre, est très limitative. La majorité des vivaces ne poussent pas bien à l'ombre, ou du moins y fleurissent peu. Les exceptions sont pour la plupart des plantes qui fleurissent peu et qu'on cultive alors surtout pour leur feuillage. Cela veut-il dire qu'on ne peut faire une plate-bande à l'ombre ? (Si oui, il y aurait beaucoup de jardiniers très malheureux, car ce n'est pas tout le monde qui a du soleil.) Bien sûr que non, mais le choix de plantes sera nettement réduit et il faudra oublier l'idée d'une plate-bande de vivaces super fleurie et se contenter de feuillages doux décorés de fleurs à l'occasion. Il y a cependant quelques annuelles qui fleurissent abondamment à l'ombre… mais ça, c'est une autre histoire !

L'ombre en soi n'est cependant pas aussi grave que la combinaison d'ombre *et* de racines d'arbres envahissantes. Quand les jardiniers se plaignent des horreurs de l'ombre (et ils le font), en fait ce n'est pas l'ombre qui est le vrai problème, mais les racines d'arbres. L'ombre jetée par les édifices ou par les arbres à racines profondes permet une culture facile (de plantes appropriées, bien sûr) et peut facilement donner une belle luxuriance. Mais quand il faut se battre aussi contre le réseau racinaire d'arbres aux racines abondantes et superficielles comme les érables et les épinettes, c'est une autre histoire. Je vous propose quelques solutions aux pages 30-31.

Si l'ombre est un facteur limitatif dans le choix des plantes, la compétition racinaire, qui accompagne souvent l'ombre, est un problème beaucoup plus sérieux.

## L'ANALYSE DE SOL

Si vous voulez avoir du succès avec les vivaces, faites faire une analyse de sol aux quatre à cinq ans. Je dis bien « faites faire », car les trousses d'analyse maison qui existent ne valent pas grand-chose : les résultats qu'elles donnent sont très approximatifs. Une véritable analyse de sol se fait en laboratoire et on vous remet un document imprimé décrivant les caractéristiques exactes de la terre de votre plate-bande. De plus, on vous fait des recommandations qui sont très valables, notamment en ce qui concerne la correction d'un pH (niveau d'acidité) trop haut, donc un sol alcalin, ou trop bas, donc un sol trop acide. Vous remarquerez que souvent la recommandation requiert un traitement sur plusieurs années. En effet, il n'est pas sage de changer le pH du sol trop radicalement sur une courte période. Si votre sol est réellement très acide et que vous cherchez un pH moyen (un pH de 6 à 7 est acceptable pour la vaste majorité des plantes), on va probablement vous recommander d'appliquer tant de chaux une année, tant la deuxième année et même tant la troisième année de façon à le ramener peu à peu à un niveau acceptable. Si votre sol est naturellement déficient en un élément particulier, vous allez aussi le savoir et on vous dira comment corriger cette lacune. Je considère qu'il est important de faire faire une analyse de sol tous les quatre à cinq ans pour toute plate-bande, rocaille ou autre jardin, ne serait-ce que pour savoir s'il y a un problème qui se dessine… avant que les choses aillent trop loin.

## LA PLANTATION DES VIVACES

De nos jours, les vivaces sont presque toujours vendues en pot, ce qui facilite leur plantation puisqu'on peut les planter avec une motte intacte. Cela signifie que le système racinaire risque beaucoup moins d'être endommagé par les chocs et qu'on peut planter les vivaces sans peine en presque toute saison, du moins tant que le sol n'est pas gelé. Il n'en demeure pas moins que deux saisons sont préférables : le printemps et l'automne, notamment pour le confort du jardinier, car il n'est pas très agréable de faire quoi ce soit lors des canicules de l'été.

En plantant, il faut s'assurer que les plantes auront assez d'espace pour bien se développer, mais sans laisser d'espace vide ; les mauvaises herbes convoitent en effet les vides dans la plate-bande, mais n'ont aucune chance quand tout l'espace est occupé. Cela signifie une plantation « juste un peu serrée », c'est-à-dire où les plantes se fondront un peu dans leurs voisines à maturité. Le bon espacement pour une vivace est équivalent à son diamètre… moins un petit 10 à 20 %. Par exemple si vous savez que telle vivace atteindra 60 cm de diamètre, vous pourriez l'espacer de ses voisines d'environ 50 cm.

Par contre, vous remarquerez très rapidement qu'une plate-bande de vivaces bien espacées paraît très vide la première année et encore assez vide la deuxième. En effet, il faut normalement aux vivaces trois ans pour atteindre leur taille d'adulte. Or, on ne veut pas laisser de vide pour ne pas inviter les mauvaises herbes à demeure. Je suggère alors de planter les vivaces à leur espacement idéal (diamètre moins 10 à 20 %), puis de combler les vides avec beaucoup d'annuelles la première année. Vous aurez besoin de moins d'annuelles la deuxième et probablement d'aucune la troisième.

La plantation proprement dite des vivaces n'a rien de sorcier : si vous avez déjà planté quelque végétal que ce soit, vous en connaissez les rudiments.

S'il s'agit d'une nouvelle plate-bande faite selon la méthode du papier journal, il suffit de creuser un

Tassez le paillis avant de faire une plantation.

trou de plantation, car le sol est déjà de qualité. Si par contre vous ajoutez une vivace dans une plate-bande établie, tassez d'abord le paillis et ajoutez une poignée ou deux de compost à la surface du sol. Le compost se trouvera automatiquement mélangé à la terre prélevée lors de la plantation.

Creusez un trou deux fois plus large que le dia-mètre de la motte et aussi profond que sa hauteur. Centrez la motte, dont le sommet doit être au même niveau que la terre autour. Appliquez maintenant des mycorhizes (champignons bénéfiques).

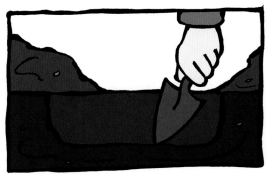

Creusez un trou deux fois plus large que la motte et de la même hauteur.

## DES CHAMPIGNONS UTILES

Dans la nature, plus de 95 % des plantes vivent en symbiose avec des champignons bénéfiques appelés mycorhizes (ou plutôt champignons mycorhiziens, mais « mycorhizes » est passé dans le langage courant). Ces champignons agissent comme des prolongements des racines, et aident la plante à aller chercher plus d'eau et de minéraux, donc de mieux pousser et fleurir. Il y a même de bons indices qui incitent à croire que les mycorhizes aident à prévenir plusieurs maladies. Malheureusement, les mycorhizes sont généralement absentes des terres d'empotage des vivaces et des terres travaillées ou traitées aux pestici-des. La méthode du jardinier paresseux permet aux mycorhizes de revenir, car si on a cessé de sarcler le sol, elles reviennent lentement. Il est donc utile d'ajouter des mycorhizes directement sur les racines des vivaces à la plantation. Des spores de mycorhizes sont offertes commercialement : il n'en faut qu'une pincée ou deux par vivace.

Certaines vivaces ne vivent pas en symbiose avec des mycorhizes. C'est notamment le cas des plantes de la famille des Crucifères (arabettes, aubriéties, corbeilles d'or, cram-bes, ibérides, etc.), de celle des Crassulacées (sédums et joubarbes) et de celle des Caryophyllacées (céraistes, gypsophiles, lychnides, œillets, etc.). Par contre, les mycorhizes ne sont pas nuisibles à ces plantes. Je propose de prendre comme règle générale d'appliquer des mycorhizes sur toutes les vivaces à moins d'être certain qu'elles n'en en pas besoin.

Attention : il ne faut pas appliquer d'engrais chimiques très riches en phosphore (le deuxième chiffre sur l'étiquette), comme des engrais de départ (10-52-10), après l'application de mycorhizes, car elles ne « prendraient » pas. De toute façon, ces engrais sont inutiles : les vivaces s'enracineront beaucoup mieux avec des mycorhizes qu'avec ces engrais d'utilité douteuse.

Comblez le trou de terre et arrosez bien.

Pour finir, recouvrez le sol de paillis.

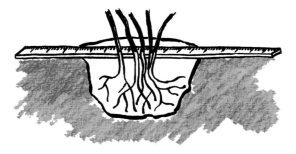

La ligne de démarcation des vivaces à racines
nues doit être de niveau avec le sol environnant.

Pour les vivaces de petite et de moyenne taille, remplissez le trou autour de la motte avec la terre prélevée. Tassez avec le pied et arrosez bien. Dans le cas des vivaces de grande taille vendues dans de gros pots, il vaut mieux diviser cette étape en deux : ne comblez le trou qu'à moitié avant de bien arroser. Vous serez ainsi certain que l'eau se rendra jusqu'aux racines inférieures. Par la suite, comblez le trou complètement et arrosez de nouveau pour mouiller les racines supérieures.

On complète toute plantation en replaçant le paillis. Ajoutez-en s'il n'y en avait pas. Le paillis doit couvrir toute la surface du sol entre les plantes à une hauteur de 7 à 10 cm. Il peut complètement recouvrir la couronne de la plante si elle est en dormance, sinon on le tasse autour. La croyance voulant qu'il faut laisser un espace dégagé de paillis autour de la plante pour éviter la pourriture n'est justement qu'une croyance. Les paillis sont trop aérés pour contribuer à la pourriture.

Votre « travail » la première année suivant la plantation consistera surtout à arroser les vivaces nouvellement plantées. Même les vivaces xérophytes, par définition tolérantes à la sécheresse, ont besoin d'arrosages tant que leurs racines ne sont pas bien établies, ce qui prend habituellement un an. Donc, si la pluie fait défaut et que la terre commence à s'assécher, et malgré le paillis que vous avez apppliqué, il faut compenser par des arrosages en profondeur.

## Plantation des vivaces à racines nues

Si on plante des vivaces à racines nues, c'est habituellement parce qu'on a fait soi-même une division (voir *La division,* p. 41) ou qu'on a partagé des plantes avec un voisin. Les vivaces expédiées par la poste sont parfois à racines nues, question

Un simple trou suffit pour des petits rejets.

de réduire les coûts de transport. Dans les magasins, au printemps, on vend aussi certaines vivaces (pivoines, cœurs saignants, phlox, etc.) à racines nues dans des sacs remplis de sciure de bois. Habituellement, la plantation a lieu au printemps ou à l'automne, pendant que les vivaces sont en dormance, pour ne pas les endommager.

La méthode est pratiquement la même que pour la plantation d'une vivace en pot (voir p. 26), la principale différence réside dans le fait qu'il n'y a pas toujours une motte bien définie. Il faut particulièrement veiller à ce que la couronne de la plante ne soit ni trop exposée ni trop enterrée, mais reste au niveau du sol. Presque toujours vous apercevrez une démarcation très nette entre la partie inférieure, pâle, qui était enterrée, et celle de couleur foncée, qui était exposée au soleil. Idéalement, cette ligne de démarcation sera de niveau avec le sol environnant.

Parfois la vivace à racines nues à planter n'est pas une section bien développée, mais un simple rejet (petite division) avec quelques racines. Si c'est le cas, il n'est pas nécessaire de creuser un grand trou, mais simplement d'en percer un dans le sol avec un transplantoir en faisant un mouvement vers l'avant et l'arrière. Insérez alors le rejet dans le petit trou en étalant un peu ses racines. N'oubliez pas d'appliquer des mycorhizes sur les racines avant de fermer le trou, d'arroser et de replacer le paillis.

## La barrière de plantation

Certaines vivaces sont très envahissantes à cause de leurs rhizomes rampants qui s'enracinent partout. Ce sont, en fait, des mauvaises herbes ornementales. Logiquement, il faudrait bannir ces plantes de la plate-bande d'entretien minimal. Après tout, qui veut d'une plante qui ressort partout et étouffe ses voisines? Mais il y a une méthode facile pour les contrôler… du moins si on le fait tout de suite au moment de la plantation. Si elles sont déjà hors de contrôle dans votre plate-bande, il n'y a plus rien d'autre à faire que de recommencer à zéro avec la méthode du papier journal.

Un seau dont on a enlevé le fond fait une excellente barrière contre l'envahissement des vivaces à rhizomes entreprenants.

Les grosses vivaces s'adaptent mieux à la compétition racinaire.

Le truc est très facile. Prenez un seau en plastique (souvent disponible gratuitement dans les épiceries) ou un pot en plastique noir flexible et enlevez-en le fond. Insérez le pot dans le sol, le laissant dépasser d'environ 3 cm. Maintenant, plantez l'envahisseur potentiel à l'intérieur de cette barrière. La plante aura beau se multiplier, elle ne pourra se répandre au-delà de la barrière. Ainsi, même des monstres pourront avoisiner les plantes les plus délicates. Vous cacherez la partie de la barrière qui s'élève au-dessus du sol avec du paillis.

Ne craignez pas que la plante sorte de la barrière par le fond absent. Ces plantes courent uniquement à l'horizontale.

## Comment composer avec la compétition racinaire

L'emplacement le plus difficile pour établir des vivaces se trouve au pied des arbres à racines superficielles, comme les érables, les épinettes, les bouleaux, les hêtres, les peupliers et les micocouliers (*Celtis*). Ce n'est pas que les vivaces ne peuvent pas y pousser, car on en voit à l'état sauvage dans les forêts d'érables et d'épinettes, mais elles sont difficiles à y *établir*. En effet, si l'arbre est déjà grand, comme c'est habituellement le cas, il a déjà accaparé toute la terre environnante. Creuser un trou de plantation est déjà difficile, car il faut trancher dans une épaisse couche de racines, mais imaginez la pauvre petite plante, déjà fragilisée par sa plantation, aux prises avec une compétition féroce ! Il est quand même possible d'établir de très belles plantations dans de telles conditions… si vous savez vous y prendre.

La première règle est qu'il faut choisir des plantes bien établies. Les petits semis ou de jeunes divisions chétives auront de la difficulté à faire compétition aux nombreuses racines avides des arbres surplombants, qui ne tarderont pas à repousser même si vous les avez coupées. Prenez de gros plants bien établis avec une belle motte de racines denses. Ce seront alors les racines des arbres qui auront de la difficulté à pénétrer.

La deuxième règle est de placer une barrière entre la nouvelle plante et les racines des arbres. Il est toutefois inutile d'essayer d'installer une barrière permanente qui bloquera les racines des arbres indéfiniment, car ces racines sont irrépressibles et trouveront toujours un passage quelque part – par le dessus, par le dessous, par un côté –, et quand elles y seront parvenues, elle reprendront rapidement leurs droits.

Je suggère tout simplement une barrière temporaire composée de 7 à 10 feuilles de papier journal ou de carton. Oui, la même barrière que je recommande pour l'installation d'une nouvelle plate-bande aux pages 18 à 20. D'ailleurs, si vous faites une toute nouvelle plate-bande, vous suivez exactement la méthode expliquée dans cette section. La seule différence consiste à appliquer du papier journal tout autour des arbres plutôt que sur une surface dégagée. Notez bien qu'il est doublement important de n'appliquer que 20 cm de terre dans cette situation, jamais plus. Les arbres à racines superficielles sont les plus susceptibles de mourir si on rehausse le terrain subitement, et 20 cm est généralement accepté comme le maximum qu'ils peuvent supporter sans souffrir.

Une barrière de papier journal permet de planter des vivaces au pied des grands arbres sans crainte que les nouvelles plantations soient immédiatement envahies de racines.

La troisième et dernière règle consiste à bien traiter les nouvelles plantes la première année. En effet, le papier journal ne durera qu'un an, puis les racines des arbres seront de retour, d'ailleurs énergisées par la découverte d'une belle couche de terre fraîche. Il faut donc bien établir les vivaces durant la première année, celle où il n'y a pas de compétition, pour qu'elles soient fortes et prêtes à affronter l'assaut à venir. Il faut notamment veiller à bien arroser la plante dès que sa terre commence à s'assécher. Ainsi, elle sera bien établie et en pleine forme quand les racines reviendront la deuxième année. La compétition sera alors d'égal à égal.

Voilà pour la création d'une nouvelle plate-bande dans un sous-bois, mais que faire si vous voulez tout simplement ajouter une vivace ou deux dans une forêt établie, ce qui est, par ailleurs, une méthode d'aménagement très intéressante? Vous pouvez utiliser le même truc, soit la barrière de papier journal, mais de façon légèrement différente.

Pour creuser un trou de plantation, il sera sans doute nécessaire de couper quelques racines.

D'abord, creusez un trou de plantation. « Creuser » n'est peut-être pas le bon mot, car il vous faudra plus qu'une pelle ; sans doute que vous aurez besoin d'un sécateur pour couper les racines moyennes et même d'une hache ou d'une scie pour les racines plus grosses (ne vous inquiétez pas : on peut facilement sectionner 20 % des racines d'un arbre dans une seule année sans lui faire du tort). Pour donner une bonne chance à la nouvelle plante, il faut que le trou soit plus large que la normale, environ trois fois plus large que le diamètre de la motte de racines de la vivace.

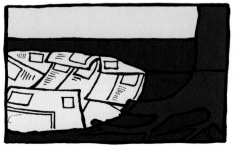

Tapissez le fond et les côtés du trou de papier journal.

Maintenant, tapissez le fond et les côtés du trou de 7 à 10 feuilles de papier journal, en repliant le surplus pour ne pas que le papier déborde. Centrez la plante dans le trou et comblez de terre fraîche de qualité (aussi bien donner les meilleures conditions possibles à la nouvelle vivace). Arrosez bien et posez un bon paillis. Durant le premier été, comme pour toute plantation à l'ombre, on doit bien s'occuper de la nouvelle plante, notamment en l'arrosant régulièrement pour qu'elle ne souffre d'aucun stress.

Évidemment, il y a une autre solution pour ajouter des vivaces dans un sous-bois et c'est encore plus facile que les deux méthodes précédentes : il suffit tout simplement de cultiver des vivaces en pot et de placer les pots dans le sous-bois. Il suffisait d'y penser.

## L'ENTRETIEN D'UNE PLATE-BANDE D'ENTRETIEN MINIMAL

Contrairement à une plate-bande traditionnelle, où le sol se compacte facilement et les mauvaises herbes sont légion, vous obligeant à sarcler souvent, la plate-bande d'entretien minimal n'a pas besoin de sarclage du tout. Même, à cause du paillis, elle demandera très peu d'arrosage. On peut donc se dispenser de la plupart des autres travaux traditionnels recommandés par les jardiniers forcenés. Voyons comment.

Un arrosage très localisé, à l'arrosoir ou au boyau d'arrosage, est nécessaire pour les vivaces nouvellement plantées dans une plate-bande établie.

Photo : www.jardinierparesseux.com

### L'arrosage

L'utilisation de paillis diminue de beaucoup le besoin d'arrosage d'une plate-bande, car l'évaporation du sol peut être réduite jusqu'à 90 %. C'est la perte d'eau du sol et non pas la transpiration des feuilles ou la croissance des plantes qui exige la plus grande quantité d'eau. En combinant du paillis avec des plantes tolérantes à la sécheresse (plantes xérophytes), vous pouvez presque éliminer le besoin d'arroser, surtout si vous vivez dans l'est du Québec où les sécheresses sont rarissimes. Vous aurez seulement à arroser la première année de plantation, car toute plante, même les xérophytes, demande des arrosages réguliers pour bien s'établir.

Quand vous devez arroser ponctuellement quelques nouvelles plantes, le plus simple est d'utiliser un arrosoir ou un boyau d'arrosage.

Car votre but n'est pas d'arroser toute la plate-bande, mais quelques plantes çà et là. L'économie d'eau est manifeste quand l'arrosage est bien localisé.

Vous pouvez bien sûr arroser au moyen de gicleurs d'irrigation ou d'arroseurs, mais vous devez savoir que la perte d'eau est énorme. Jusqu'à 75 % de l'eau appliquée par arroseur lors d'une journée chaude s'évaporera sans avoir aidé les plantes qu'elle était censée approvisionner. C'est énorme ! Il n'est donc pas surprenant que la plupart des municipalités limitent le droit d'arroser en période de sécheresse.

Le tuyau poreux, même parfaitement caché sous un paillis, arrosera les vivaces efficacement et sans perte.

L'autre problème avec l'arrosage par aspersion (où l'eau est « lancée dans l'air ») est qu'on mouille aussi le feuillage des plantes, ce qui est non seulement inutile (ce sont les racines qui ont besoin d'eau, pas les feuilles), mais aussi souvent néfaste. La plupart des maladies végétales commencent sur un feuillage humide, surtout quand il est humide le soir. Si votre municipalité vous permet d'arroser seulement le soir, vous êtes fait !

Il y a cependant une méthode qui permet d'arroser efficacement les vivaces sans perdre de l'eau à l'évaporation et sans humidifier le feuillage des plantes : l'irrigation par tuyau poreux (tuyau suintant). Ce tuyau, qui ressemble plus ou moins à un boyau d'arrosage ordinaire, est fait de pneus recyclés et est rempli de microperforations. Quand on ouvre l'eau, celle-ci sort tout autour du tuyau… mais pas par jets d'eau, que des petites gouttes. Le tuyau est placé sur le sol avant l'application de paillis, puis recouvert de paillis. Il arrose invisiblement avec pratiquement aucune perte à l'évaporation (il y a une petite perte à l'évaporation si le tuyau n'est pas couvert de paillis). Il s'agit de le faire serpenter entre les plantes, voilà tout. Il est peu coûteux (environ 13 $ pour 15 m au début de 2007) et on peut fixer jusqu'à trois tuyaux (60 m) bout à bout. S'il est plus long, l'extrémité du tuyau ne recevra pas sa part pleine. C'est plus qu'il n'en faut pour la plupart des plates-bandes. Par contre, il est probablement sage d'aménager plusieurs « circuits », un pour chaque plate-bande ou section si vous avez plusieurs jardins à arroser.

Normalement, on place les tuyaux à environ 1,2 m d'espacement dans les sols organiques ou glaiseux et on les fait fonctionner deux à trois heures par semaine (durant les périodes de sécheresse, s'entend). Dans les sols sablonneux, l'eau a tendance à se drainer très vite et à s'écouler tout de suite vers le bas sans beaucoup humidifier la terre de chaque côté. Il vaut donc mieux placer les tuyaux à 60 cm d'espacement et les faire fonctionner moins longtemps mais plus souvent : deux fois par semaine, une heure à la fois.

Le tuyau suintant peut être installé en permanence et ne demande aucun entretien. Contrairement aux boyaux d'arrosage ordinaires, il n'est pas nécessaire de le rentrer pour l'hiver. La garantie habituelle est de 10 ans, mais l'expérience démontre qu'en fait, ils durent beaucoup plus longtemps. En réalité plusieurs des premiers tuyaux suintants installés dans les années 1980 fonctionnent toujours.

Photo : www.jardinierparesseux.com

Une minuterie est nécessaire pour fermer l'eau à la fin de la session d'arrosage.

Les systèmes goutte-à-goutte via des tuyaux spaghettis et goutteurs sont aussi efficaces que le tuyau suintant, mais ils sont plus complexes à installer, plus fragiles, et il faut les rentrer pour l'hiver.

Il est essentiel d'ajouter une minuterie à tout système d'arrosage par tuyau suintant ou goutte-à-goutte, car il est trop facile d'oublier de fermer l'eau à la fin d'une session d'arrosage et de gaspiller ainsi cette ressource précieuse. On peut même automatiser complètement l'arrosage avec une minuterie programmable qui démarre une ou deux fois par semaine à la même journée et à la même heure. Si c'est le cas, il faut adjoindre au système un détecteur de pluie qui annulera la commande d'arroser s'il est tombé plus de 2,5 cm de pluie au cours de la semaine.

## La fertilisation

Si vous plantez des vivaces dans une bonne terre de jardin et que vous les paillez bien, il est rarement nécessaire de les fertiliser. Le sol fournit une partie des minéraux indispensables et le paillis, en se décomposant, le gros du reste. Même les mycorhizes assurent leur part : on vient de découvrir qu'elles attrapent et digèrent des petits insectes, une excellente source d'azote ! D'ailleurs, un des traits que les jardiniers remarquent le plus dans un sol paillé est qu'il devient de plus en plus riche avec le temps plutôt que de plus en plus pauvre.

Si vous avez accès à du compost ou que vous le fabriquez vous-même, vous pouvez enrichir le sol davantage. Il n'est pas nécessaire de tasser le paillis pour appliquer le compost, il suffit de le déposer par-dessus. La pluie et les vers de terre (nombreux sous un paillis décomposable) le mélangeront au sol. Faites attention avec le fumier : à moins qu'il ne soit bien décomposé, il peut contenir beaucoup de graines de mauvaises herbes. Les bons composts sont libres de graines viables.

Si le sol d'origine était de piètre qualité, l'ajout de compost devient encore plus vital. Il peut aussi être utile d'ajouter un engrais biologique à dégagement lent tous les ans, selon les recommandations du fabricant. Évitez les engrais aux chiffres supérieurs à 10 (le 20-20-20 par exemple), car ils peuvent brûler les racines des végétaux si on ne les applique pas avec soin.

Il suffit de lancer l'engrais sur le paillis. La pluie aura vite fait de le faire descendre dans le sol.

## Le tuteurage

Il y a tellement de vivaces qui n'ont pas besoin de tuteurage que la seule chose logique à faire dans une plate-bande d'entretien minimal est de bannir tout simplement les plantes qui nécessitent cette béquille ! Je suggère fortement d'enlever et de détruire les plantes « faibles », comme dans la nature : elles n'ont pas leur place chez vous.

Si vous êtes incapable de détruire une de ces plantes, installez au moins un tuteur qui supporte la plante automatiquement, comme un support à pivoine, soit un cerceau supporté par trois tiges ou plus. C'est moins de travail qu'avec un tuteur classique (une tige unique, comme une baguette de bambou ou un piquet de bois) auquel il faut fixer la plante tous les ans, car vous n'avez qu'à le poser au printemps par-dessus la plante naissante dont les tiges passeront toutes seules à travers le grillage du cerceau pour s'y appuyer. Et laissez le support en place d'une année à l'autre : c'est quoi l'idée d'enlever un tuteur à l'automne pour le remettre à la même place au printemps suivant ?

Photo : www.jardinierparesseux.com

Pourquoi enlaidir votre plate-bande avec des tuteurs comme ceux-ci quand il existe tant de végétaux qui n'ont pas besoin de tuteurage ?

Le plus souvent, une vivace dont les tiges plient est tout simplement plantée à la mauvaise place. Soit qu'elle manque de lumière (ce qui provoque une croissance étiolée), soit que le sol est trop riche pour cette plante. Plantez-la ailleurs ou débarrassez-vous-en. Certaines vivaces hybrides (on pense notamment à plusieurs pivoines) plient toutefois toujours à la floraison. C'est un défaut génétique que même un positionnement idéal ne corrige pas. Ces plantes sont des erreurs génétiques et ne méritent pas de vivre. Je vous suggère de les achever sur-le-champ. Les hybrideurs qui lancent de tels hybrides sur le marché devraient avoir honte !

Dans la deuxième partie, *Vivaces pour jardiniers paresseux*, les vivaces faibles nécessitant un tuteurage ont été éliminées d'office.

Un support à pivoine fait un tuteur acceptable… si on ne le rentre pas pour l'hiver.

## LA TAILLE

### La suppression des fleurs fanées

La taille la plus pratiquée chez les vivaces est la suppression des fleurs fanées, une corvée pour les jardiniers qui ont beaucoup de temps à perdre et qui ne savent pas se détendre. Je conçois mal que l'on pratique cette taille à la grandeur d'une plate-bande, où il y a littéralement des centaines, voire des milliers de fleurs : la tâche est trop immense. Par contre, si votre unique « plate-bande » est un jardin en contenant sur une petite terrasse, allez-y si vous voulez.

La suppression des fleurs fanées est un travail de moine aussi ennuyeux qu'inutile.

La croyance derrière la suppression des fleurs fanées est que produire des graines sape l'énergie des plantes et réduit donc leur floraison future. Cependant, chez la vaste majorité des vivaces, probablement 98 %, la production de graines ne les épuise nullement et il n'y a aucune différence dans les floraisons futures d'une plante dont on a supprimé les fleurs et d'une plante qu'on a laissé intacte. Pensez-vous vraiment qu'une plante que la production de graines fatigue aurait la moindre chance de survivre dans la nature ? Se reproduire est une affaire « de routine » pour les vivaces et ne les « épuise » pas. Si vous ne me croyez pas, faites-en l'expérience en supprimant méthodiquement les fleurs fanées d'une vivace et pas du tout celles d'une plante identique. Vous découvrirez que, si ce n'est que quelques rares exceptions, supprimer les fleurs fanées ne donne même pas une seule fleur supplémentaire. Quelle perte de temps !

Les 2 % de vivaces que la production de graines fatigue véritablement sont en fait des bisannuelles ou des vivaces de courte vie, comme les buglosses (*Anchusa*) et certains coréopsis (*Coreopsis grandiflora*, par exemple). Leur stratégie de survie est de produire des milliers de graines pour assurer leur continuité, puis de mourir. Pourquoi les empêcher de compléter leur cycle naturel ? Je suggère soit de récolter les graines pour en semer d'autres soit de laisser un espace libre de paillis à leur côté pour qu'elles puissent se ressemer.

Mais, diront sans doute les jardiniers forcenés, supprimer les fleurs fanées stimule aussi une deuxième floraison dans la même année. C'est vrai… pour encore moins que 2 % des vivaces. En effet, la capacité de refleurir si on supprime les fleurs fanées, pourtant courante chez les annuelles, est tout à fait absente chez la majorité des vivaces. Et dans les rares exceptions, cette deuxième floraison est-elle valable ? Peut-être que oui dans quelques cas (l'anthémis des teinturiers, par exemple), mais généralement, la deuxième floraison, lorsqu'il y en a une, est si faible qu'elle n'en vaut pas la peine. Prenez par exemple le delphinium (*Delphinium elatum* et ses hybrides), qui produit une haute tige florale de 1,5 m et plus portant des centaines de fleurs quand il fleurit au début de l'été ; si vous coupez sa tige florale, il lui arrive (parfois !) de refleurir à l'automne… sur une tige florale de 45 cm portant une quinzaine de fleurs. Plutôt décevant, n'est-ce pas ?

Par ailleurs, les forcenés souvent à cheval sur la propreté, prétendent que les capsules de graines sont laides et méritent d'être supprimées. Je suis bien d'accord que, chez la plupart des vivaces, les fleurs sont plus attrayantes que les graines, mais il est rare que les capsules de graines soient à ce point laides qu'elles déparent la plate-bande ! Et des tiges coupées net à 90 degrés, laissant une blessure béante en pleine vue, est-ce plus beau ? Suggestion de jardinier paresseux : plantez beaucoup de vivaces aux saisons de floraison différentes dans une même plate-bande. L'œil sera toujours attiré par les plantes en fleurs et fera abstraction des vivaces ayant fini de fleurir et moins attrayantes. Ainsi votre plate-bande ne sera pas déparée par les plantes qui ont cessé de fleurir.

## La taille d'embellissement

La majorité des vivaces meurent au sol tous les ans, laissant parfois des tiges encore debout qu'on peut supprimer, mais je considère que cette taille fait plutôt partie du « ménage de la plate-bande » (voir page 39). Restent certaines « vivaces » qui ne sont pas véritablement des vivaces, mais des sous-arbrisseaux. Leurs tiges, et souvent leurs feuilles, persistent d'une année à l'autre. Il s'agit, pour la plupart, de plantes alpines ou basses qui forment des masses de feuillage et de tiges qui s'élargissent avec le temps à partir d'une souche centrale, comme les thyms, les ibérides, les arabettes, le phlox mousse, etc. Avec les années, il arrive souvent que le cœur de la plante se dégarnit, dévoilant des tiges nues disgracieuses. Si c'est le cas, la solution est facile : on rabat la plante à 5 cm du sol, immédiatement après la floraison, et elle repoussera aussitôt, très également cette fois. Cette taille serait à reprendre aux sept à huit ans environ. Le plus facile, c'est de tout simplement les tondre à la tondeuse.

Autre petite catégorie qui demande une taille, les quelques vivaces qui ont la curieuse habitude de s'écraser au sol en plein été. Je ne connais que deux plantes qui se comportent ainsi, l'armoise Silver Mound (*Artemisia schmidtiana*) et l'éphémérine (*Tradescantia* x *andersoniana*). Il s'agit de passer dessus avec la tondeuse ou un coupe-bordures : elles repousseront aussitôt. L'éphémérine sera même en fleurs de nouveau en deux ou trois semaines.

Il y a aussi le cas des vivaces à dormance estivale, un petit groupe de plantes qui comprend deux vivaces très populaires, le pavot d'Orient (*Papaver orientale*) et le cœur-saignant des jardins (*Dicentra spectabilis*). Après une très jolie floraison au printemps, ces plantes entrent en dormance en plein été et leur feuillage jaunit disgracieusement, incitant les jardiniers forcenés à sauter tout de suite sur leurs sécateurs. Minute, papillon ! La place de ces grandes vivaces (d'accord, il existe des vivaces plus hautes à floraison automnale, mais au printemps quand elles fleurissent, ce sont des géantes) est au fond de la plate-bande. Et au moment même où leurs fleurs commencent à se faner, les vivaces d'été sont en plein développement. Ainsi, si vous y prêtez la moindre attention au moment de la plantation, vous pouvez tout simplement laisser les autres plantes cacher leur feuillage jaunissant. Problème réglé ! Soit dit en passant, au cas où vous vous demanderiez si ce feuillage qui brunit est nuisible à la plante, la réponse est « non » : vous pouvez le laisser se décomposer sur place et cela n'affectera pas la croissance future de la plante.

# LE NETTOYAGE ET AUTRES TRAVAUX INUTILES

Il est certain qu'une plate-bande a besoin d'un peu de nettoyage. Ramasser des tiges cassées par le chat du voisin, les papiers et autres déchets apportés par le vent ou tout autre objet incongru est tout à fait normal… et demande peu d'efforts. Habituellement, on peut faire ce genre de nettoyage simplement au cours de la traditionnelle visite matinale de sa plate-bande. Après tout, est-ce si difficile de se pencher de temps à autre pour ramasser une réclame égarée ?

## Le ménage automnal

Un des grands mythes s'appliquant à la plate-bande de vivaces est qu'il faut faire un grand ménage à l'automne. Cette corvée de nettoyage où l'on coupe allègrement tout, tiges florales, feuilles mortes, feuilles vertes, etc., est en fait très nuisible aux vivaces et l'une des premières causes d'échec de leur culture. Imaginez, on se donne la peine de faire un « grand ménage », et après il faut tout replanter !

Tenez-vous-le pour dit : le ménage automnal est au mieux inutile et au pire, nuisible. Ne le faites pas ! Certains prétendent pourtant que supprimer les feuilles des vivaces à l'automne prévient les maladies et les insectes. Théoriquement, ce pourrait être vrai… mais seulement si le feuillage était malade ou endommagé. Et même là, c'est loin d'être toujours utile. Par exemple, des études ont démontré que la suppression des feuilles des plantes souffrant à la fin de l'été du blanc (mildiou poudreux), comme le phlox des jardins (*Phlox paniculata*) et la monarde (*Monarda*), ou de la rouille, comme la rose trémière (*Alcea*), n'entraîne aucune réduction du taux d'infection au printemps suivant. Autrement dit, que vous fassiez le ménage ou non, les plantes courent autant de risques d'être malades l'année suivante. Pire, côté insectes, le ménage semble *augmenter* les risques d'infestation dans l'année qui suit ! La raison n'en est pas claire, mais on pense que le ménage automnal élimine

Le ménage automnal *augmente* les problèmes d'insectes et de limaces.

les insectes bénéfiques dont plusieurs hivernent dans les tiges creuses des vivaces ou sous leurs feuilles, alors que les insectes nuisibles, pour la plupart, hivernent dans le sol où le ménage ne les atteint même pas. Et contre toute attente, des études ont même démontré que la population des limaces *augmente* dans les plates-bandes nettoyées à l'automne ! Vous pouvez avoir d'autres raisons de nettoyer une plate-bande à l'automne, mais ne dites pas que c'est pour contrôler les insectes et les maladies.

Il existe cependant un cas où le ménage est utile pour prévenir une infestation d'insectes. Le perceur de l'iris pond ses œufs à la pointe des feuilles de l'iris des jardins (*Iris* x *germanica*) où ils hivernent. Au printemps, les larves éclosent et descendent de la feuille pour s'attaquer aux rhizomes. Il serait donc utile de supprimer les feuilles de l'iris des jardins à l'automne… si vous en cultivez. Or, je ne considère pas cet iris « digne » des jardiniers paresseux en raison de ses ennuis de santé et je ne le recommande pas dans ce livre ; je propose plutôt des iris qui n'ont pas d'ennuis de santé.

Si le ménage d'automne ne se justifie pas comme méthode de contrôle des insectes et des maladies, ne serait-il pas nécessaire pour au moins nettoyer la plate-bande des déchets ? Une telle intention démontre une incompréhension profonde du cycle naturel. Les feuilles et les tiges mortes ne sont pas des déchets, mais font partie du cycle naturel de la plante. C'est par les feuilles mortes des années précédentes que le sol se renouvelle en matières organiques et en minéraux. Si on supprime impitoyablement les feuilles et les tiges de l'année, le sol en souffrira très rapidement. Il faut alors augmenter les apports de compost et d'engrais. Pourquoi donc s'infliger tout ce travail à l'automne pour ensuite être obligé de travailler encore plus au printemps ? Si vous ne faites pas le ménage automnal, vos plates-bandes pousseront presque sans soins. Si vous faites le ménage, il faut compenser les matières manquantes.

Les feuilles mortes de vos vivaces ne sont pas des déchets : pourquoi alors les éliminer ?

Mais le pire est que le ménage de l'automne peut tuer les vivaces. Ces plantes se protègent volontairement du froid en se recouvrant de leurs propres feuilles mortes. D'ailleurs, chez beaucoup de vivaces, les feuilles se recourbent carrément par-dessus la couronne pendant l'hiver. Quand on enlève cette couche isolante, la couronne peut être endommagée ou tuée par le froid. Enfin, le déchaussement des plantes, phénomène souvent constaté au printemps, où l'action répétée du gel et du dégel déterre carrément les vivaces, se voit presque uniquement chez les plantes « nettoyées ». Le pire, c'est quand les jardiniers forcenés, dans leur obsession de « faire propre », coupent même les feuilles des vivaces à feuillage persistant ! Il ne faut pas rire : beaucoup de jardiniers le font sans même savoir que ce n'est pas bien, convaincus que le ménage est « bon pour les vivaces ».

À mon avis, il faut carrément bannir le concept de « ménage automnal » du vocabulaire des jardiniers : il n'a tout simplement pas sa raison d'être.

## Le ménage printanier

La vraie saison pour faire le ménage est le printemps. Les vivaces n'ont alors plus besoin de leur protection hivernale et les insectes bénéfiques qui hivernaient dans leurs tiges et leurs feuilles en sont sortis. On ne fait alors plus de tort à la plante ni à l'environnement en faisant du nettoyage. Par contre, les « déchets végétaux », si vous persistez à les appeler ainsi, sont encore utiles au sol, car en se décomposant, ils l'enrichissent. D'ailleurs il est surprenant de constater à quel point les « déchets » de l'automne précédent (feuilles mortes, etc.), que certains jardiniers ont évacués de leurs plates-bandes à la pochetée à l'automne, ont disparu, car ils se sont déjà décomposés au cours de l'hiver. Par exemple, les feuilles de hostas dont mon voisin remplit tous les ans sept à huit sacs-poubelles ne sont plus que quelques filaments chez moi à la fonte des neiges et disparaissent complètement quand le sol se réchauffe un peu, ce qui accroît la décomposition.

Je propose donc un « rapide ménage du printemps » qui va vous donner au moins l'impression d'être utile, mais sans nuire au sol. Il s'agit de casser et de couper les tiges encore debout… et de les

Le ménage printanier du jardinier paresseux: on casse les rares tiges encore debout et on les repousse au pied des plantes où elles peuvent se décomposer à l'abri des regards.

déposer tout simplement sur le sol hors de vue sous des plantes à feuillage persistant pour leur permettre de compléter leur recyclage naturel.

## La protection hivernale

Respectez votre zone (voir p. 10-11), paillez vos vivaces et ne les taillez pas à l'automne, et vous n'aurez pas à vous préoccuper de protection hivernale.

## La division de routine

La division des vivaces est une tradition vénérable, à tel point que plusieurs jardiniers semblent croire qu'il est obligatoire pour la bonne culture des vivaces de les diviser aux trois ou quatre ans. Pourtant, il n'en est rien. La division n'est nullement obligatoire pour la survie de la majorité des vivaces. Qui pensez-vous les divise aux trois ou quatre ans dans la nature? Mon point de vue est qu'on ne devrait diviser les vivaces que si on a une bonne raison de le faire. Et les raisons valables sont:

• si on veut multiplier la plante;

• si la touffe devient trop grosse et empiète sur d'autres plantations;

• si la plante commence à moins fleurir après plusieurs années de culture.

Il sera question de la « division à des fins de multiplication » à la prochaine section, *La multiplication*. Attardons-nous plutôt ici aux deux autres besoins: réduire une plante trop grosse ou entreprenante ou réduire une plante « fatiguée » pour qu'elle fleurisse davantage.

Pour remettre une plante trop entreprenante à sa place, découpez tout simplement les parties qui débordent de l'espace qui leur a été alloué.

Dans les deux cas, il est rarement nécessaire de déterrer toute la motte de la vivace. Dans le cas de la vivace trop entreprenante, il suffit simplement de découper et d'enlever l'extérieur de la touffe (les parties enlevées peuvent bien sûr servir à des fins de multiplication), puis de remplir l'espace de terre. Si la plante fleurit moins, le problème relève plutôt du centre qui est trop dense. Découpez le centre peu productif à la pelle, enlevez-le, ce qui laissera un trou rond, et remplissez ce trou de terre. En peu de temps, la plante aura rempli le trou et sera de nouveau productive.

# LA MULTIPLICATION

Rien ne vous oblige à multiplier les vivaces. Vous pouvez tout simplement les acheter en pot et les planter, voilà tout. Mais la plupart des vivaces grossissent avec le temps, donnant des surplus que vous pouvez utiliser pour agrandir la plate-bande ou en faire d'autres. Et si vous avez besoin d'encore plus de plantes, il y a les semis et les boutures.

## La division

C'est la méthode la plus courante pour multiplier les vivaces. D'ailleurs, presque toutes les vivaces se multiplient par rejets produits soit tout près de la plante-mère soit à une certaine distance. Et ces rejets sont, presque sans exception, identiques à la plante-mère. Ils constituent donc une source très intéressante et facilement disponible de nouveaux plants.

Au besoin, on peut diviser les vivaces en toute saison, mais c'est moins stressant pour la plante si on le fait lorsqu'elle est en dormance, donc au printemps ou à l'automne. Et qui veut travailler en plein été quand il fait si chaud? De plus, les vivaces n'ont généralement pas de feuilles au printemps. On peut donc mieux voir ce que l'on fait. Quand on fait une division à l'automne, les feuilles sont souvent encore présentes; il est généralement plus pratique de les couper pour mieux voir.

Si la vivace pousse en touffe dense, imaginez-la comme une tarte: votre but sera de découper une section triangulaire (une «pointe de tarte») à la pelle pour la transplanter ailleurs. Si vous voulez encore plus de plantes, vous pouvez diviser la «pointe» en parties encore plus petites, car une division n'a besoin que d'une seule tige ou couronne avec ses racines pour bien reprendre.

Certaines vivaces ne poussent pas en touffe dense, mais forment plutôt des tapis de plants bien séparés. Dans ce cas, la division est encore plus facile, car on voit très bien où une plante finit et où l'autre commence. Un p'tit coup de pelle et vous avez votre division!

Replantez la division selon la méthode décrite pour une plante à racines nues à la page 28. Évidemment, une plante fraîchement divisée est fragile et mérite des soins attentifs pendant la première année.

Pour diviser une vivace qui pousse en touffe dense, il suffit de prélever une section en pointe de tarte.

## Les semis

On peut acheter des semences de plusieurs vivaces ou encore récolter les graines des vivaces de nos jardins ou combiner les deux. Il faut cependant savoir que, à l'exception des espèces sauvages, les vivaces ne sont pas toujours fidèles au type à partir de semences. Les graines que vous récolterez à partir d'un cultivar, comme votre échinacée 'Twilight', peuvent ainsi donner des plantes très différentes de la plante d'origine.

Semez les graines à l'intérieur et mettez le contenant au frigo.

Les graines de la vaste majorité des vivaces ont besoin de froid humide pour germer. Sauf preuve du contraire, mieux vaut présumer que c'est le cas. Semez donc les graines vers le mois de janvier ou février dans un terreau humide en les recouvrant légèrement. Scellez le contenant dans un sac en plastique transparent et mettez-le au réfrigérateur pendant trois mois. Ensuite, exposez le contenant à un bon éclairage, mais pas au soleil direct.

Après la germination, enlevez le contenant du sac et exposez les semis à plus de lumière. Quand les plants ont quatre à six feuilles, repiquez-les dans des pots ou des alvéoles individuels. En juin, acclimatez-les aux conditions d'extérieur et plantez-les en pleine terre dans une pépinière ou un autre endroit moins visible. Les plants seront assez gros pour être repiqués en plate-bande à l'automne suivant le semis ou au printemps suivant. La plupart fleuriront aussi au cours de l'été suivant le semis, mais prendront quand même encore deux ans avant d'atteindre leur taille maximale.

Quand les semis ont quatre à six feuilles, repiquez-les dans des pots ou des alvéoles individuels.

## Le bouturage

Curieusement, beaucoup de vivaces peuvent se bouturer, mais peu de jardiniers semblent le savoir.

Presque toute vivace qui produit des tiges ramifiées fera un bon sujet pour le bouturage des tiges… et c'est si facile! Entre la mi-juin et la fin de juillet, prenez une section de tige sans fleurs (ou supprimez les fleurs). La tige doit avoir au moins quatre nœuds (point d'attache des feuilles) ou paires de nœuds: une longueur de 10 cm sera appropriée dans la plupart des cas. Supprimez les feuilles inférieures et appliquez une hormone d'enracinement sur la partie inférieure de la tige. Maintenant, insérez la tige dans un pot rempli de terreau humide. Placez le pot dans un sac en plastique pour maintenir une bonne humidité. Conservez la bouture à la mi-ombre jusqu'à ce que de nouvelles feuilles apparaissent, ce qui indique qu'elle est enracinée. Vous pouvez alors enlever le sac en plastique et acclimater la plante (qui n'est plus une bouture) aux conditions d'extérieur. Comme pour les semis, mieux vaut la planter dans une pépinière pendant sa toute première saison de croissance. Elle devrait fleurir l'année suivant le bouturage.

On peut aussi bouturer les racines ou rhizomes de certaines vivaces (anémones, brunneras, chardons bleus (*Echinops*), astilbes, pavots d'Orient, phlox, etc.). Il s'agit de découper des racines charnues ou rhizomes en sections d'environ 8 à 10 cm de longueur et de les placer à l'horizontale dans un contenant de terreau humide, en recouvrant les sections de 1 à 2 cm de terreau. Après quelques semaines, des pousses apparaîtront que vous pourrez repiquer en pépinière. Comme pour les semis et les boutures de feuilles, les boutures de racines seront prêtes pour la plate-bande l'année suivante.

On peut aussi faire des boutures de racines encore plus facilement simplement en tranchant des racines avec une pelle à côté d'une plante appropriée. De jeunes plants apparaîtront à partir des racines tranchées.

## Le marcottage

Cette technique est peu connue… mais très pratiquée ! En effet, plusieurs vivaces se marcottent tout naturellement.

Le marcottage est une technique par laquelle des tiges couchées au sol prennent racine et forment une nouvelle plante. Ce phénomène se produit très couramment chez les plantes à port rampant : leurs tiges touchent tout naturellement au sol et s'enracinent. Certaines font des plantules sur des stolons qui s'enracinent en touchant au sol. Dans les deux cas, on peut ensuite découper et replanter ailleurs les plantes produites. On peut aussi inciter une vivace à tige dressée à prendre racine en pliant la tige au sol pour la fixer avec une pierre ou un piquet. Elle fera des racines là où elle touche au sol.

# LA CULTURE EN POT : UN CAS PARTICULIER

La culture des vivaces en contenant doit être abordée distinctement, car elle est très différente de la culture en pleine terre sous plusieurs aspects.

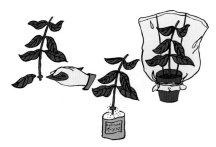

Enlevez les feuilles inférieures et appliquez une hormone d'enracinement avant de piquer la bouture dans un terreau humide. Placez le tout dans un sac en plastique transparent jusqu'à l'enracinement.

Placez les boutures de racines à l'horizontale et recouvrez-les de terreau.

Pour faire des boutures de racines sur place, il suffit de trancher dans le sol près de la plante-mère.

Une tige retenue au sol par un piquet ou une pierre va normalement s'enraciner assez rapidement.

On peut cultiver des vivaces en pot…
mais cela demande quelques précautions.

Photo : www.jardinierparesseux.com

Premièrement, les vivaces cultivées en contenant posent un problème en ce qu'elles subissent davantage de froid et d'écarts de température que les vivaces cultivées en pleine terre. Dans le jardin, l'énorme masse de terre modère la température et l'empêche de trop baisser ou de passer du gel au dégel trop souvent. En pot, non seulement le sol devient-il beaucoup plus froid que le sol de jardin, mais il peut passer de très froid au dégel plusieurs fois au cours de l'hiver. De plus, les racines des vivaces sont généralement moins rustiques au froid que leur couronne ! Il y a donc un risque important que même les vivaces appropriées à votre zone de rusticité soient endommagées ou tuées par un hiver en pot. Je suggère donc de choisir des vivaces d'au moins une zone inférieure à la vôtre (par exemple, de zone 4 ou même 3 si vous résidez en zone 5). Autre possibilité : choisissez des plantes alpines. Entourées de roches qui laissent passer le froid dans leur milieu naturel, elles ont de l'expérience avec les racines exposées au froid et réussissent souvent mieux en pot que les « vivaces des terres basses ».

Autre détail : les terres que l'on retrouve dans les pots sont vite lessivées de leurs minéraux par les arrosages accrus nécessaires pour empêcher la potée de s'assécher. Ainsi, même un sol au départ riche devient vite très pauvre. Il est donc utile d'appliquer sur le terreau des vivaces cultivées en pot, non seulement un engrais à dégagement lent à chaque printemps, mais aussi un engrais soluble que vous vaporiserez sur le feuillage des plantes qui ne semblent pas donner les résultats escomptés.

La plantation en pot est assez simple. Il s'agit de remplir le contenant (qui a nécessairement un trou de drainage) de terreau, voilà tout. Ne mettez pas de couche de drainage de gravier ou de tessons au fond. En fait, la couche de drainage *réduit* le drainage ! Pour qu'un pot se draine bien, il suffit simplement de le surélever légèrement de la surface sur laquelle on l'a placé. Il se vend d'ailleurs des pieds de pot à cet effet, mais on peut improviser des pieds de pot avec des pierres, des blocs de bois, etc. Quand le pot est rempli de terreau, plantez vos vivaces selon la méthode habituelle. Comme toujours, une couche de paillis et un bon arrosage en profondeur compléteront la plantation.

L'arrosage pose un problème aussi. Le terreau des pots sèche beaucoup plus rapidement que la terre de jardin, à tel point qu'il peut être nécessaire d'arroser jusqu'à deux fois *par jour*. On peut réduire cette dépendance en utilisant un terreau qui retient plus d'eau (il existe des terreaux spécifiquement conçus pour la culture des plantes en pot), mais surtout, plus que toute autre chose, il faut savoir que plus le pot est gros, moins il a besoin d'arrosage. Ce sont en effet les petits contenants étroits et surtout peu profonds, comme les boîtes à fleurs, qui demandent les arrosages les plus fréquents. Les grands bacs larges et profonds demandent moins d'arrosages et sont à recommander.

On peut, bien sûr, arroser un pot à l'aide d'un arrosoir ou d'une lance d'arrosage, mais c'est beaucoup de travail vu la fréquence de la tâche. Vous trouverez qu'un système d'irrigation vaut vraiment la peine. Le système le plus commode pour la culture en pot est le goutte-à-goutte. On peut amener l'eau vers un regroupement de pots au moyen d'un tuyau principal, alors que de minces tuyaux secondaires (appelés souvent « tuyaux spaghettis »), munis chacun d'un goutteur, courent du tuyau principal jusqu'à chaque pot, où il est fixé par des pinces ou des piquets. Avec une minuterie programmable pour contrôler la fréquence d'arrosage et un détecteur de pluie qui ferme le système quand il pleut, il est possible d'automatiser l'arrosage des contenants à tel point qu'on n'a plus à intervenir… sauf en début et en fin de saison. Effectivement, il est plus sage de démonter le système d'irrigation goutte-à-goutte à l'automne pour l'entreposer à l'intérieur l'hiver, puis de le réinstaller au printemps suivant.

Une fertilisation ponctuelle avec un engrais liquide peut favoriser une meilleure croissance.

Enfin, l'hiver pose un dernier problème. D'abord, les vivaces exigent un hiver froid et devront passer cette saison à l'extérieur… mais ce ne sont pas tous les pots qui résistent à la pression d'une terre qui prend de l'expansion au moment du gel. Il faut donc demander au moment de l'achat si le pot résistera à l'hiver : certains offrent des garanties à cet effet.

Deuxièmement, le terreau doit être au moins un peu humide au moment où il gèle (habituellement, nos automnes sont pluvieux, ce qui règle ce problème).

L'irrigation goutte-à-goutte est idéale pour les vivaces cultivées en pot.

Enfin, si vous croyez que les vivaces choisies manquent d'un peu de rusticité (n'oubliez pas qu'elles doivent être d'une ou même de deux zones inférieures à celle de votre région (voir p. 10-11), mieux vaut déplacer les pots l'hiver vers un lieu plus abrité, par exemple en les posant contre la fondation de la maison (le mur de l'immeuble dans le cas d'un appartement), et les protéger à l'aide d'une matière isolante : feuilles mortes, papier journal, branches de sapin, etc. On peut créer une barrière de carton ou de clôture à neige autour des pots pour empêcher leur matière isolante de partir au premier vent.

## MALADIES ET PARASITES

Combattre les ennemis des vivaces demande beaucoup d'efforts d'un côté, mais c'est surtout souvent très nuisible pour l'environnement. Même les traitements biologiques éliminent non seulement les insectes et les maladies nuisibles, mais aussi les champignons et les insectes bénéfiques.

Les traitements aux pesticides, même biologiques, ont souvent un effet néfaste sur l'environnement.

Or, vous voulez créer un environnement où tout fonctionne presque tout seul: c'est même votre but en tant que jardinier paresseux. Donc, moins on intervient, mieux c'est.

Le principe de base du jardinier paresseux en ce qui concerne le contrôle des maladies et des parasites consiste principalement à éviter les « plantes à problèmes ». Il ne faut pas penser que toutes les plantes ont de gros problèmes de prédateurs. C'est plutôt une minorité. Ces plantes sont donc à éliminer d'office de vos plates-bandes. Et si vous évitez les « plantes à problèmes », vous n'aurez pas à traiter vos vivaces… ou très rarement. La bonne nouvelle c'est que, dans presque toute catégorie de vivaces, même chez les vivaces reconnues pour une vulnérabilité à un insecte ou à une maladie quelconque, il existe probablement des variétés qui y sont résistantes. Ainsi il existe des hostas résistants aux limaces, des phlox résistants au blanc, des roses trémières résistantes à la rouille, etc. Pourquoi planter autre chose?

Les plantes présentées dans la deuxième partie sont toutes résistantes à la majorité des insectes et des maladies dans des conditions normales. Lorsqu'il y a des variétés spécifiques à recommander à cause de leur plus grande résistance, on vous l'indiquera dans le texte.

Certaines vivaces, par contre, sont toujours sujettes à des insectes ou à des maladies, comme le lupin (*Lupinus*), vulnérable à une espèce de puceron qui le dévaste tous les ans. De telles plantes, comme les delphiniums et les iris des jardins, pour donner d'autres exemples, ont été éliminées d'office de ce livre. Par ailleurs, il y a parfois des contre-indications à utiliser dans des circonstances particulières certaines vivaces autrement bien résistantes. Par exemple, à moins d'installer une clôture anti-cerfs, il ne sert à rien de cultiver des hostas là où les cerfs de Virginie sont nombreux. Mais comme il n'y a pas un jardinier sur cinquante qui a un problème avec les cerfs, je n'ai pas cru bon d'éliminer les hostas, si valables pour tant de jardiniers. Même chose pour les scarabées japonais, cantonnés dans quelques régions du Québec et des provinces limitrophes. Les lavatères et autres plantes qui souffrent beaucoup de cet insecte sont incluses dans ce livre, car la majorité des jardiniers peuvent les cultiver sans le moindre problème. Les jardiniers qui *ont* ce problème verront une note à ce sujet dans la description de la plante. À vous de l'éliminer de vos plates-bandes au moment de faire vos choix de plantes!

Si donc il faut éliminer d'office les plantes à problèmes de nos jardins et ne choisir que des plantes résistantes, cela veut-il dire qu'il n'y aura jamais de problèmes de prédateurs dans une plate-bande de jardinier paresseux? Malheureusement, non! Il y a toujours un risque de problème sporadique. Les pucerons, par exemple, sont très polyvalents et peuvent s'attaquer à presque n'importe quelle plante. Que faire donc quand un problème sporadique survient? Je ne recommande que trois interventions « pesticides » dans ce livre.

1. **Ne rien faire.** Si c'est un problème sporadique, il devrait se résorber tout seul. C'est le seul traitement que je préconise pour les nombreuses maladies qui frappent à l'occasion, puis disparaissent.

2. **Arroser la plante avec un fort jet d'eau.** L'eau a l'avantage de faire tomber les insectes nuisibles sans nuire à l'environnement. C'est le traitement de choix pour les pucerons, par exemple.

3. **Vaporiser avec un savon insecticide ou une huile horticole.** Ces deux traitements n'ont qu'un effet très localisé. D'accord, ils peuvent tuer quelques insectes bénéfiques en même temps que les nuisibles, mais quand c'est seulement sur

Seule solution logique aux plantes qui ont des problèmes récurrents : s'en débarrasser.

une plante… Et il n'y a aucun effet résiduel, car ce ne sont pas des poisons mais des traitements « physiques » (les deux produits bouchent les pores des insectes, les empêchant de respirer, ce qui provoque leur mort) qui perdent toute efficacité dès qu'ils ont séché. De plus, ce sont des produits biologiques qui se décomposent rapidement.

4. **Arracher la plante à problèmes.** C'est la solution du jardinier paresseux pour tous les problèmes récurrents.

## MAUVAISES HERBES

Nous avons déjà vu qu'un paillis posé par-dessus un sol débarrassé de mauvaises herbes permet de le conserver pratiquement libre de mauvaises herbes. Le paillis en prévient la germination et si une mauvaise herbe ne peut même pas germer, elle n'ira pas loin ! Il reste quand même que quelques mauvaises herbes réussissent à passer à travers cette défense. Alors, comment les contrôler ?

En fait, c'est très facile. Il suffit d'arracher la coupable et de replacer le paillis. Vous remarquerez d'ailleurs que les mauvaises herbes sont faciles à arracher dans une terre paillée, car elle ne se compacte pas. Ainsi, quand vous tirez sur la plante, elle se dégage facilement. Mais il est alors essentiel de remplir de paillis le trou laissé par la racine arrachée, sinon il restera un trou de lumière qui permettra à d'autres mauvaises herbes de germer.

Ne sarclez surtout pas, vous aggraveriez la situation !

Allons voir maintenant des vivaces intéressantes pour les jardiniers paresseux.

Arrachez la mauvaise herbe, puis remplissez le trou de paillis pour prévenir la germination d'autres mauvaises herbes.

# DEUXIÈME PARTIE

# VIVACES
# POUR JARDINIERS PARESSEUX

**Dans cette partie, je vous présente des vivaces de toutes tailles et de toutes couleurs. Mais uniquement des vivaces que le jardinier paresseux peut facilement maintenir sans problèmes. Ont été bannies d'office de cette section :**

- les vivaces très sujettes aux maladies (les variétés de phlox et de monardes sujettes au blanc, les roses trémières sujettes à la rouille, etc.);
- les vivaces très vulnérables aux insectes (lupins);
- les vivaces très envahissantes par leurs racines ou rhizomes si elles sont capables de franchir une barrière enfoncée dans le sol (bouton d'or, coqueret, herbe-aux-goutteux, muguet, renouée du Japon, macleaya, etc.);
- les vivaces très envahissantes par leurs semences (valériane);
- les vivaces qui exigent un tuteur (delphiniums, certaines pivoines);
- les vivaces « rustiques » qui ne le sont pas vraiment (dentelaire bleue, giroflées, tritomes, etc.);
- les vivaces nuisibles à l'environnement (salicaire pourpre – *Lythrum salicaria*);
- les vivaces nuisibles à la santé humaine (grande berce);
- et toutes les autres vivaces qui font rager les jardiniers pour quelque raison ou combinaison de raisons qui rend leur culture frustrante (hibiscus vivace, pavot bleu, etc.).

Les plantes sont présentées en ordre alphabétique de leur nom commun le plus populaire, lequel est d'ailleurs souvent très près de leur nom botanique. Si vous ne trouvez pas une plante, cherchez-la dans l'index et vous devriez la trouver.

Notez qu'il y a une fiche signalétique pour chaque plante résumant ses caractéristiques générales. Il est toutefois important de lire la description, car plusieurs vivaces ont d'autres caractéristiques qui peuvent influencer votre choix.

Photo : www.jardinierparesseux.com

ACANTHE DE HONGRIE, ACANTHE DE BULGARIE

Nom botanique : *Acanthus hungaricus,*
    syn. *Acanthus bulgaricus*
Famille : Acanthacées
Hauteur : 75 à 150 cm
Largeur : 80 cm
Exposition : soleil, mi-ombre, ombre
Sol : bien drainé, léger
Floraison : été
Zone de rusticité : 4

Photo : www.jardinierparesseux.com

ACHILLÉE JAUNE, ACHILLÉE FILIPENDULE

Nom botanique : *Achillea filipendulina*
Famille : Astéracées
Hauteur : 120 à 135 cm
Largeur : 60 cm
Exposition : soleil, mi-ombre
Sol : ordinaire, pauvre
Floraison : tout l'été
Zone de rusticité : 3

# ACANTHE DE HONGRIE

< *Acanthus hungaricus*

Cette vivace peu connue des jardiniers de nos régions s'est montrée beaucoup plus rustique que ce que l'on pensait, ce qui permettait enfin de cultiver ici des acanthes, si populaires en Europe.

L'acanthe de Hongrie a une longue période d'intérêt. Non seulement son feuillage vert foncé, très joliment découpé, sort tôt au printemps et dure toute la saison, mais la floraison commence au début de l'été et continue jusqu'à la fin. En fait, les fleurs, blanches ou rose très pâle, durent seulement quelques semaines, mais les calices pourpre foncé en forme de capuchon durent jusqu'à l'automne.

L'acanthe de Hongrie tolère presque tous les sols bien drainés, même les sols pauvres, et elle pousse aussi bien à l'ombre qu'au soleil. C'est une plante à croissance lente qui n'apprécie pas les dérangements et qu'il vaut mieux planter à demeure. On peut trancher dans le sol pour stimuler la division, ou encore la semer.

# ACHILLÉE JAUNE

< *Achillea filipendulina*

Belle grande vivace qui produit de jolies touffes de feuilles gris-vert et aromatiques très finement découpées. Elles sont persistantes et offrent donc de l'attrait toute l'année. Les petites fleurs jaune moutarde sont portées à l'extrémité des tiges dressées, formant un dôme aplati très décoratif qui dure, de surcroît, presque tout l'été.

L'achillée jaune est parmi les rares vivaces qui préfèrent un sol plutôt sec et pauvre. Dans les sols trop riches, surtout si la plante manque de lumière, les tiges peuvent plier. Mieux vaut alors toujours la cultiver au plein soleil. On peut la multiplier par division, par bouturage ou par semences.

Il existe de multiples cultivars et hybrides de cette plante, souvent de hauteur inférieure et donc plus solides, comme *A. filipendula* 'Cloth of Gold' (90 à 120 cm) et *A.* x 'Coronation Gold' (70 à 90 cm). *A.* x 'Moonshine' est encore plus compacte ; ses fleurs sont jaune tendre (50 à 60 cm).

Photo: www.jardinierparesseux.com

ACHILLÉE MILLEFEUILLE, MILLEFEUILLE, HERBE À DINDE

Nom botanique : *Achillea millefolium*

Famille : Astéracées

Hauteur : 50 à 80 cm

Largeur : 40 cm

Exposition : soleil, mi-ombre

Sol : ordinaire, pauvre

Floraison : tout l'été

Zone de rusticité : 3

# ACHILLÉE MILLEFEUILLE

< *Achilla millefolium*

Sous sa forme sauvage, cette vivace indigène produit des bouquets de fleurs blanches, chacune ressemblant à une petite marguerite. Vous la connaissez peut-être sous le nom d'herbe à dinde. En culture, et sans doute grâce à des croisements avec d'autres achillées, elle a pris un arc-en-ciel de couleurs : jaune, orange, rouge, rose, pourpre, etc. Le feuillage aromatique, vert foncé et très découpé, persiste l'hiver.

L'achillée millefeuille préfère les sols pauvres à ordinaires, mais tolère sans trop de difficulté les sols plus riches de nos plates-bandes enrichies. Attention ! Elle court, produisant des touffes qui grossissent rapidement ; elle requiert un peu de division pour arrêter ses élans.

La plupart des nombreux cultivars ne sont pas fidèles au type par semences, et on les multiplie par division ou par bouturage de tige. Par contre, certaines lignées, comme *A. millefolium* 'Summer Pastels', une gagnante Sélections All-America aux teintes pastel, sont produites par semences.

Photo: www.jardinierparesseux.com

ACONIT 'IVORINE'

Nom botanique : *Aconitum* 'Ivorine', syn. *Aconitum lycoctonum lycoctonum, Aconitum septentrionale* 'Ivorine'

Famille : Renonculacées

Hauteur : 60 à 90 cm

Largeur : 40 cm

Exposition : soleil, mi-ombre, ombre

Sol : bien drainé, humide et riche

Floraison : fin du printemps, milieu de l'été

Zone de rusticité : 2

# ACONIT 'IVORINE'

< *Aconitum* 'Ivorine'

Le plus hâtif et l'un des plus courts des aconits, 'Ivorine' est une plante solide sans le moindre problème. Il forme des touffes de feuilles à lobes pointus vert très foncé surplombées de plusieurs tiges dressées portant des fleurs blanc ivoire, d'où le nom, teintées de vert. Les fleurs étroites sont prolongées vers le haut, ce qui donne à la fleur une apparence un peu moins en forme de « casque de Jupiter » que chez les autres aconits. C'est une plante d'origine mystérieuse, mais probablement un hybride.

'Ivorine' préfère un sol riche et humide, mais non détrempé, à la mi-ombre, pourtant il tolérera l'ombre pourvu qu'elle soit percée de rayons solaires, et même le soleil… si le sol demeure humide en tout temps. Il s'établit rapidement pour un aconit et se divise sans trop de peine, ce qui est exceptionnel pour ce genre. On le multiplie strictement par division.

Plante toxique.

Photo: www.jardinierparesseux.com

### ACONIT NAPEL, CASQUE DE JUPITER

Nom botanique : *Aconitum napellus*

Famille : Renonculacées

Hauteur : 90 à 120 cm

Largeur : 30 à 50 cm

Exposition : soleil, mi-ombre

Sol : bien drainé, riche, humide

Floraison : milieu à fin de l'été

Zone de rusticité : 2

Photo: www.jardinierparesseux.com

### ACTÉE À GROS PÉDICELLES

Nom botanique : *Actaea pachypoda*

Famille : Renonculacées

Hauteur : 30 à 90 cm

Largeur : 30 à 60 cm

Exposition : soleil, mi-ombre, ombre

Sol : bien drainé, humide et riche

Floraison : fin du printemps et début de l'été

Fructification : fin de l'été, automne

Zone de rusticité : 2

# ACONIT NAPEL

*< Aconitum napellus*

Voici un aconit plus typique de son genre que le précédent, avec une floraison plus tardive et des fleurs bleu pourpré. Il produit des feuilles vert foncé et très découpées, vraiment en lanières, et des tiges dressées et souvent ramifiées de fleurs coiffées par un pétale supérieur en forme de casque bombé.

Cette plante est de culture très facile, s'adaptant à une grande variété de conditions, mais elle est très lente à se développer, prenant quatre à cinq ans pour atteindre sa pleine grandeur. En contrepartie, elle est absolument permanente, et peut vivre 40 ans et plus au même endroit sans nécessiter de division. Tant mieux, car elle déteste la division, produisant une grosse racine renflée, presque une forme de navet qui n'aime pas les déplacements. Comme c'est la seule façon de la multiplier, il vaut peut-être mieux acheter une nouvelle plante. 'Album' (blanc) et 'Carnea' (rose) sont deux cultivars.

# ACTÉE À GROS PÉDICELLES

*< Actaea pachypoda*

L'actée à gros pédicelles est une vivace indigène cultivée surtout pour ses fruits. Non pas que les fleurs printanières, de petites étoiles blanches réunies en un goupillon plumeux, ne sont pas attrayantes, ni que le feuillage composé, rappelant un peu celui des astilbes mais aux segments plus arrondis, n'a pas ses attraits, mais les fruits sont vraiment uniques. Ils sont blanc crème avec une pointe noire et sont mis en valeur par des pédicelles épaissis rouge vif. L'effet dure tout l'automne.

L'actée à gros pédicelles est une plante des sous-bois ombragés qui n'a aucune difficulté à tolérer l'ombre et même la compétition racinaire. Par contre, si on tient son sol humide, elle peut tolérer le soleil. Elle est à croissance lente mais sûre et de culture très facile. On la multiplie surtout par division, les semis étant très lents à donner des plantes matures.

Les fruits sont toxiques.

Photo : www.jardinierparesseux.com

AGASTACHE 'BLUE FORTUNE'

Nom botanique : *Agastache* 'Blue Fortune'

Hauteur : 60 à 90 cm

Largeur : 38 à 45 cm

Exposition : soleil, mi-ombre

Sol : bien drainé, humide

Floraison : tout l'été, début de l'automne

Zone de rusticité : 4

Photo : www.jardinierparesseux.com

ALCHÉMILLE, MANTEAU DE NOTRE-DAME,
PATTE DE LION, MANTELET DE DAME

Nom botanique : *Alchemilla mollis*

Famille : Rosacées

Hauteur : 30 à 45 cm

Largeur : 60 cm

Exposition : soleil, mi-ombre, ombre, mieux à la mi-ombre

Sol : bien drainé, humide

Floraison : tout l'été

Zone de rusticité : 3

# AGASTACHE 'BLUE FORTUNE'

< *Agastache* 'Blue Fortune'

Cette vivace encore peu connue est un hybride stérile de l'agastache fenouil (*Agastache foeniculum*), une vivace indigène, et de la menthe-réglisse coréenne (*Agastache rugosa*) qui fleurit tout l'été ainsi qu'une partie de l'automne. C'est même l'une des vivaces les plus florifères !

Elle forme une touffe de tiges carrées dressées portant des feuilles ovées lancéolées vert moyen sur le dessus et grisâtres à l'envers. Elles sont suavement parfumées et dégagent un mélange de menthe et d'anis. Les fleurs tubulaires bleu lavande sont petites, mais réunies en épis terminaux de 10 cm, donc très voyantes.

On la cultive au plein soleil ou à la mi-ombre dans un sol plutôt humide. Et l'on peut la multiplier par division ou par bouturage de tige.

Cette plante est une proche parente de la menthe et il est d'ailleurs possible d'utiliser ses feuilles et ses fleurs, qui ont un goût de menthe, dans des recettes. Elle attire les papillons et les colibris.

# ALCHÉMILLE

< *Alchemilla mollis*

Cette vivace populaire est cultivée autant pour son feuillage que pour ses fleurs. Les feuilles sont arrondies et lobées, couvertes de courts poils qui leur donnent un effet vert argenté. Les poils repoussent l'eau et la rosée, et les gouttes de pluie perlent sur la surface de la feuille comme des billes de mercure. Les fleurs jaune-vert sont massées sur des tiges plutôt lâches et durent une bonne partie de l'été.

C'est une plante très adaptable qui pousse dans presque toutes les conditions et tous les sols, mais qui est à son plus beau à la mi-ombre. Elle se ressèmera spontanément si on laisse un peu d'espace libre de paillis ; les semis sont alors une source d'approvisionnement de plants pour la multiplication. C'est une excellente plante en bordure de plate-bande et le long des sentiers. Les feuilles et les fleurs sont très intéressantes pour les arrangements floraux.

AMSONIE BLEUE

Nom botanique : *Amsonia tabernaemontana*
Famille : Apocynacées
Hauteur : 60 à 90 cm
Largeur : 60 cm
Exposition : soleil, mi-ombre
Sol : ordinaire, bien drainé, humide
Floraison : début de l'été
Zone de rusticité : 3

# AMSONIE BLEUE

< *Amsonia tabernaemontana*

Les fleurs bleues sont tellement rares dans nos jardins qu'on en invente : ainsi en horticulture dit-on souvent que les fleurs violettes sont bleues. Mais avec l'amsonie bleue, pas besoin de tricher : les fleurs étoilées, portées en bouquets à l'extrémité des tiges, sont réellement bleu pâle. La floraison ne dure que deux semaines environ au début de l'été, mais par la suite, l'amsonie demeure attrayante grâce à son beau port dressé qui rappelle un arbuste et ses feuilles pointues vert foncé luisant qui ressemblent aux feuilles de saule. De plus, toute la plante devient jaune vif à l'automne.

L'amsonie s'adapte facilement aux plates-bandes ensoleillées ou mi-ombragées. Ses tiges restent solidement debout même par les pires intempéries; ce n'est que lorsque la lumière manque qu'elles vont plier.

On la multiplie par division, par bouturage ou même par semis.

En zone 5, essayez l'amsonie d'Arkansas (*A. hubrechtii*), un peu plus courte (60-80 cm), mais aux feuilles très étroites, comme des aiguilles.

ANCOLIE HYBRIDE

Nom botanique : *Aquilegia* x *hybrida*
Famille : Renonculacées
Hauteur : 30 à 90 cm
Largeur : 15 à 30 cm
Exposition : soleil, mi-ombre
Sol : humide, riche, bien drainé
Floraison : fin du printemps, début de l'été
Zone de rusticité : 3

# ANCOLIE HYBRIDE

< *Aquilegia* x *hybrida*

Avis aux perfectionnistes : ne plantez pas l'ancolie si vous ne tolérez aucun insecte dans votre jardin ! Chaque année, elle est attaquée non pas par un, mais bien par deux insectes : la mineuse, qui trace des galeries dans ses feuilles, et l'hespérie, une petite chenille verte qui mange ses feuilles. Dans un cas comme dans l'autre, la plante n'est pas dérangée… mais mieux vaut la planter en deuxième plan où vous ne verrez pas les dégâts.

Les fleurs dressées ou pendantes de l'ancolie sont superbes : des sépales portant de longs éperons arqués entourent des pétales en coupe. Souvent les pétales et les sépales sont de couleurs contrastantes. Les colibris l'adorent ! Le feuillage, avant d'être dévoré, est très joli, rappelant des feuilles de gingko.

L'ancolie s'adapte bien aux conditions des jardins. Elle est toutefois de courte vie. Heureusement qu'elle se ressèmera spontanément si vous lui laissez un espace libre de paillis.

Photo: www.jardinierparesseux.com

### ANÉMONE DU JAPON

Nom botanique : *Anemone* x *hybrida* et *A. hupehensis,*
   syn. *A. japonica*

Famille : Renonculacées

Hauteur : 80 à 100 cm

Largeur : 30 à 45 cm

Exposition : soleil à mi-ombre

Sol : riche, bien drainé

Floraison : fin de l'été à fin de l'automne

Zone de rusticité : 4

Photo : www.jardinierparesseux.com

### ANÉMONE TOMENTEUSE, ANÉMONE DU JAPON

Nom botanique : *Anemone tomentosa* 'Robustissima',
   syn. *A. vitifolia* 'Robustissima'

Famille : Renonculacées

Hauteur : 60 à 80 cm

Largeur : 45 à 60 cm

Exposition : soleil, mi-ombre, ombre

Sol : riche, bien drainé

Floraison : fin de l'été à milieu de l'automne

Zone de rusticité : 3

# ANÉMONE DU JAPON

< *Anemone* x *hybrida* 'Pamina'

Les plantes que nous appelons « anémones du Japon » sont en fait un mélange de plantes différentes, dont surtout *A. hupehensis* et son hybride, *A.* x *hybrida*. Elles ont comme trait commun des feuilles très découpées surtout basales, de hautes tiges florales minces mais solides, et des masses de fleurs en forme de soucoupe. Les fleurs présentent différentes teintes de blanc, de rose et de cramoisi; elles peuvent être simples ou semi-doubles.

L'anémone du Japon est lente à s'établir, à tel point qu'on est souvent déçu au début, mais attendez : quand elle est prête, c'est l'explosion ! Grâce à ses rhizomes, elle produit des rosettes un peu partout. Il vaut mieux la planter à l'intérieur d'une barrière.

Préférez la mi-ombre ou un emplacement humide si vous la cultivez au soleil. Excellent choix pour les sous-bois, car elle adore la litière forestière.

Elle se multiplie abondamment par division ou par bouturage de racines.

# ANÉMONE TOMENTEUSE

< *Anemone tomentosa* 'Robustissima'

L'anémone tomenteuse est la plus rustique et la plus facile des anémones à floraison automnale. Elle produit des touffes de feuilles fortement découpées, ressemblant à des feuilles d'érable. À la fois l'envers des feuilles et les tiges sont duveteuses (*tomentosa* veut dire « couvert de duvet »). Les boutons rose pourpré qui apparaissent sur les tiges dressées et ramifiées à la fin de l'été s'ouvrent pour révéler des fleurs rose plus pâle avec une masse d'étamines jaunes au centre. La floraison dure six semaines et plus, parfois jusqu'en octobre.

Dans un sol humide, on peut la cultiver au soleil, mais normalement c'est une plante des sous-bois ouverts, tolérant la mi-ombre et même l'ombre. La plante n'a aucune difficulté à combattre les racines envahissantes des arbres. Attention ! Cette plante « démarre » lentement mais devient envahissante : il faut soit la planter à l'intérieur d'une barrière soit la naturaliser dans un endroit où son expansion ne posera pas de problème.

Multiplication par division.

Photo: www.jardinierparesseux.com

ANTHÉMIS DES TEINTURIERS,
CAMOMILLE DES TEINTURIERS

Nom botanique : *Anthemis tinctoria*

Famille : Astéracées

Hauteur : 60 à 90 cm

Largeur : 40 cm

Exposition : soleil

Sol : ordinaire, sec, bien drainé

Floraison : début de l'été jusqu'aux gels

Zone de rusticité : 3

# ANTHÉMIS DES TEINTURIERS

*< Anthemis tinctoria*

Avec sa longue période de floraison et ses fleurs si abondantes, l'anthémis des teinturiers mérite une place en vedette dans la plate-bande. Ses fleurs composées sont très semblables à des marguerites, avec le même disque central bombé jaune. Les rayons peuvent être blancs, crème ou jaunes. Le feuillage est très finement découpé. Il ne faut pas se gêner pour prélever des fleurs coupées, ce qui favorise même une floraison plus abondante.

L'anthémis des teinturiers est parmi les rares vivaces qui préfèrent vivre à la dure : un sol pauvre et plutôt sec lui convient à merveille. Dans les sols très riches et humides, les tiges deviennent parfois lâches. Le soleil est de rigueur. Malgré le nom commun « camomille des teinturiers », cette plante n'est pas une proche parente de la camomille que l'on consomme en tisane.

Cette vivace est assez éphémère : prenez des boutures ou faites des divisions aux trois ou quatre ans pour ne pas la voir disparaître.

# ARABETTE

*< Arabis caucasia*

Cette plante alpine est en fait un sous-arbrisseau aux tiges et aux feuilles persistantes. Les petites feuilles sont couvertes de poils blancs qui leur donnent une apparence grisâtre. C'est cependant à la fin du printemps que cette plante est vraiment en vedette, car elle se couvre littéralement de petites fleurs blanches à quatre pétales. Certains cultivars ont des fleurs roses, des fleurs doubles ou un feuillage panaché.

L'important est de lui offrir du soleil et un bon drainage. Elle s'accommodera alors même de sols pauvres et secs. Les sols riches et humides typiques de nos plates-bandes ne sont pas nécessaires, mais lui conviennent quand même. Si la plante se dégarnit avec le temps, on peut la rabattre sévèrement après la floraison, ce qui favorise une repousse complète.

On la multiple facilement par bouturage de tige et par division, aussi par semences pour l'espèce. Les cultivars ne sont toutefois pas fidèles au type par semences.

Photo: www.jardinierparesseux.com

ARABETTE, ARABETTE DU CAUCASE,
CORBEILLE D'ARGENT

Nom botanique : *Arabis caucasia*

Famille : Cruciféracées

Hauteur : 10 à 25 cm

Largeur : 30 à 45 cm

Exposition : soleil

Sol : bien drainé, pas trop riche

Floraison : fin du printemps, début de l'été

Zone de rusticité : 3

Photo : www.jardinierparesseux.com

ARMOISE DE LOUISIANE 'VALERIE FINNIS'

Nom botanique : *Artemisia ludoviciana* 'Valerie Finnis'

Famille : Astéracées

Hauteur : 40 à 55 cm

Largeur : 40 cm

Exposition : soleil

Sol : très bien drainé, pauvre et plutôt sec

Floraison : fin de l'été

Zone de rusticité : 3

Photo : www.jardinierparesseux.com

ARMOISE DE STELLER NAINE, ABSINTHE DES RIVAGES

Nom botanique : *Artemisia stelleriana* 'Boughton Silver',
   syn. *A. stelleriana* 'Silver Brocade'

Famille : Astéracées

Hauteur (feuillage) : 15 cm

Hauteur (fleurs) : 30 cm

Largeur : indéfinie

Exposition : soleil

Sol : très bien drainé, pauvre et plutôt sec

Floraison : milieu et fin de l'été

Zone de rusticité : 3

# ARMOISE DE LOUISIANE 'VALERIE FINNIS'

< *Artemisia ludoviciana* 'Valerie Finnis'

Il existe plusieurs cultivars de l'armoise de Louisiane, mais 'Valerie Finnis' est plus intéressante pour la plate-bande du fait qu'elle est moins envahissante. En effet, plutôt que de produire des rhizomes coureurs comme les autres armoises de Louisiane, 'Valerie Finnis' pousse en touffes. Cela ne veut pas dire qu'il n'y a jamais le moindre rhizome égaré, et il est quand même sage de la planter à l'intérieur d'une barrière enfoncée dans le sol.

La plante produit des tiges dressées blanches et des feuilles lancéolées vert-gris qui mettent les feuillages verts en valeur. Les épis de fleurs gris-jaune sont moins attrayants que le feuillage. Vous pouvez les supprimer s'ils vous dérangent. Les feuilles ne sont pas persistantes l'hiver.

'Valerie Finnis' exige du soleil et un sol très bien drainé. Elle tolère les sols pauvres et la sécheresse, mais convient quand même très bien aux sols enrichis des plates-bandes plus typiques.

# ARMOISE DE STELLER NAINE

< *Artemisia stelleriana* 'Boughton Silver'

Le nom de cette plante est très controversé : elle est vendue à la fois sous les noms 'Silver Brocade' et 'Boughton Silver', mais les autorités n'arrivent pas à trancher. Présentement, 'Boughton Silver' semble avoir la préséance.

C'est une très jolie plante couvre-sol au feuillage profondément lobé de couleur vert blanc argenté qui persiste l'hiver. Elle rappelle beaucoup, en plus rustique, la populaire cinéraire maritime (*Senecio cineraria*), une annuelle. Les fleurs jaunes sont moins attrayantes que le feuillage. Il arrive aux jardiniers de les couper pour laisser les feuilles dominer.

Le plein soleil et un excellent drainage sont obligatoires, mais autrement l'armoise de Steller naine est très adaptable, tolérant sans broncher les pires sécheresses. Dans la nature, elle peut pousser dans le sable pur ! Son grand défaut est sa nature envahissante : elle ne sait pas s'arrêter. On peut la contrôler avec une barrière enfoncée dans le sol.

Photo: www.jardinierparesseux.com

**ARMOISE SILVER MOUND, ARMOISE DE SCHMIDT NAINE**

Nom botanique : *Artemisia schmidtiana* 'Nana'

Famille : Astéracées

Hauteur : 25 à 45 cm

Largeur : 30 à 60 cm

Exposition : soleil

Sol : très bien drainé, pauvre, sec

Floraison : fin du printemps, début de l'été

Zone de rusticité : 3

Photo: www.jardinierparesseux.com

**ASARET DU CANADA, GINGEMBRE SAUVAGE**

Nom botanique : *Asarum canadense*

Famille : Aristolochiacées

Hauteur : 15 cm

Largeur : indéfinie

Exposition : mi-ombre, ombre

Sol : humide, bien drainé

Floraison : printemps

Zone de rusticité : 3

# ARMOISE SILVER MOUND

< *Artemisia schmidtiana* 'Nana'

Je m'excuse d'employer « Silver Mound » comme nom commun, mais c'est bel et bien sous ce nom que les jardiniers semblent connaître cette très jolie plante.

C'est pour le feuillage ornemental aromatique très découpé, voire plumeux, et bleu vert argenté qu'on cultive cette armoise, ainsi que pour son superbe port en dôme bombé parfaitement symétrique ; ses fleurs jaunes sont à peine visibles, cachées parmi le feuillage.

La plante a tendance à s'ouvrir en plein été et à perdre alors tout son charme. La solution est pourtant facile : passez la tondeuse dessus ; elle repoussera très rapidement et restera attrayante jusqu'aux neiges.

C'est une plante de plein soleil et de sol très bien drainé. Elle tolère sans broncher les sols pauvres et secs, et n'est pas plus attrayante dans un sol riche et plus humide. Un bon choix pour la rocaille et la bordure.

On la multiplie par division ou par bouturage de tige.

# ASARET DU CANADA

< *Asarum canadense*

Ce joli couvre-sol indigène à feuilles caduques fut presque éliminé au Québec par une récolte trop intensive (son rhizome aromatique était un médicament populaire), mais il est revenu dans certaines régions.

C'est une plante très basse aux feuilles vert mat en forme de cœur. Il ne faut pas compter sur l'effet des fleurs, qui sont curieuses mais discrètes, comme des tubes verts à l'extérieur et brun chocolat à l'intérieur. Elles sont portées sous les feuilles, au niveau du sol.

C'est un excellent couvre-sol pour les coins ombragés et mi-ombragés, où il réussit à proliférer même à travers des racines d'érable pour faire un joli tapis très égal. On utilise surtout l'asaret du Canada sur des grandes surfaces ou en naturalisation, car il est un peu trop envahissant pour les petites plates-bandes.

L'asaret d'Europe (*A. europaeum*) est similaire, mais à feuilles plus petites et vert luisant. De plus, ses feuilles sont persistantes.

Photo : www.jardinierparesseux.com

## ASCLÉPIADE INCARNATE

Nom botanique : *Asclepias incarnata*

Famille : Asclépiadacées

Hauteur : 100 à 150 cm

Largeur : 60 cm

Exposition : soleil

Sol : ordinaire à riche, humide à détrempé

Floraison : milieu à fin de l'été

Zone de rusticité : 2

Photo : www.jardinierparesseux.com

## ASCLÉPIADE TUBÉREUSE

Nom botanique : *Asclepias tuberosa*

Famille : Asclépiadacées

Hauteur : 75 cm

Largeur : 40 cm

Exposition : soleil

Sol : ordinaire, bien drainé, pauvre et sec

Floraison : été

Zone de rusticité : 5 (3 sous couvert de neige)

# ASCLÉPIADE INCARNATE

< *Asclepias incarnata*

Cette belle grande vivace, indigène dans nos régions, se retrouve notamment dans les marécages. Elle produit une dense touffe de tiges dressées et porte des feuilles pointues vert foncé. Les fleurs se forment à partir du milieu de l'été en bouquets terminaux. Les boutons sont rose foncé, la fleur ouverte est plus pâle. Il existe aussi un cultivar, 'Ice Ballet', à fleurs blanches. C'est une fleur très complexe avec une couronne centrale qu'il vaut la peine d'admirer de près. Les papillons l'adorent ! Les capsules de graines longues et pointues, qui s'ouvrent pour libérer des graines plumeuses, sont attrayantes à l'automne.

Malgré ses origines marécageuses, l'asclépiade incarnate semble très bien pousser dans les sols moyennement humides de nos plates-bandes. Elle ne tolère cependant pas les sécheresses prolongées : un paillis serait utile pour atténuer l'humidité du sol.

On la multiplie par division ou par semis.

Attention aux pucerons, que vous pouvez chasser avec un jet d'eau !

# ASCLÉPIADE TUBÉREUSE

< *Asclepias incarnata*

Cette asclépiade de l'Ouest nord-américain produit des masses spectaculaires de fleurs orange (parfois jaunes, roses ou rouges) dont la couleur est particulièrement vibrante au sommet des tiges dressées durant une bonne partie de l'été. Elle attire les papillons comme un aimant. Les tiges sont couvertes de feuilles lancéolées vert foncé presque sans pétiole.

Cette espèce préfère les étés chauds et le plein soleil, et tolère très bien la sécheresse et les sols pauvres, mais elle peut quand même pousser dans une plate-bande au sol amélioré. Dans les régions froides, une bonne couche de neige est nécessaire pour assurer sa survie hivernale. Elle sort très tardivement au printemps : mieux vaut marquer sa place pour ne pas la déterrer par mégarde.

Cette plante n'apprécie pas les dérangements et est donc difficile à diviser. On peut toutefois prélever des boutures comprenant la base de la tige ou la multiplier par semis.

Chassez les pucerons au moyen d'un fort jet d'eau.

ASPÉRULE ODORANTE, GAILLET ODORANT

Nom botanique : *Galium odoratum*
Famille : Rubiacées
Hauteur : 15 à 20 cm
Largeur : illimitée
Exposition : soleil, mi-ombre, ombre
Sol : riche, humide
Floraison : début de l'été
Zone de rusticité : 3

# ASPÉRULE ODORANTE

< *Galium odoratum*

Ce joli couvre-sol tapisse le sol de ses jolies feuilles vert foncé pointues arrangées en verticilles comme les rayons d'une roue autour des courtes tiges dressées. L'effet est des plus jolis et dure jusqu'aux neiges. Les feuilles sont rehaussées de groupes lâches de petites fleurs blanches au début de l'été. Les feuilles et les fleurs sentent le foin, notamment quand on les froisse. Cette odeur s'intensifie quand la plante sèche, d'où son utilisation en pot-pourri.

L'aspérule se plaît à la mi-ombre et à l'ombre; au soleil aussi, mais seulement si le sol demeure toujours au moins un peu humide. Elle préfère les sols riches et humides, mais peut servir de couvre-sol sous des arbres à racines envahissantes pour autant qu'on arrose de temps en temps. Elle est envahissante par ses stolons et ses semences, mais comme ses racines sont superficielles, elle s'arrache bien quand elle va trop loin.

La multiplication se fait par division des nombreux rejets, bien sûr !

# ASTER D'AUTOMNE

< *Aster novi-belgii* 'Alice Haslam'

Il existe une foule d'asters de New York (*A. novi-belgii*) et de Nouvelle-Angleterre (*A. novae-angliae*) dans une vaste gamme de couleurs : pourpre, violet, « bleu », lavande, rose, rouge, blanc, etc. Les fleurs rappellent une marguerite par leur cœur jaune, mais les rayons sont nettement plus nombreux, donnant souvent un effet de fleurs semi-doubles. Comparativement aux variétés sauvages, qui abondent dans nos régions, les fleurs des cultivars sont nettement plus grosses et voyantes. Les feuilles lancéolées vert foncé, sans pétiole, sont nombreuses mais sans véritable attrait.

Placez ces grandes plantes au fond de la plate-bande, car leurs feuilles inférieures sont souvent touchées par le blanc; vous ne voudrez certainement pas les voir, seulement les fleurs. Comme les touffes ont tendance à s'éclaircir à partir du centre avec le temps, découpez la partie faible et remplacez-la par de la terre fraîche; la plante reprendra rapidement sa forme.

On multiplie ces asters par division ou par bouturage de tige.

ASTER D'AUTOMNE

Nom botanique : *Aster novae-angliae* et *A. novi-belgii*
Famille : Astéracées
Hauteur : 90 à 180 cm
Largeur : 40 à 50 cm
Exposition : soleil, mi-ombre
Sol : bien drainé, riche et assez humide
Floraison : fin de l'été à fin de l'automne
Zone de rusticité : 3 à 4

*Photo : www.jardinierparesseux.com*

## ASTER D'AUTOMNE NAIN, ASTER NAIN

Nom botanique : *Aster novae-angliae* 'Purple Dome',
  syn. *A.* x *dumosus*

Famille : Astéracées

Hauteur : 40-50 cm

Largeur : 60 cm

Exposition : soleil, mi-ombre

Sol : bien drainé, riche et assez humide

Floraison : fin de l'été à fin de l'automne

Zone de rusticité : 3-4

*Photo : www.jardinierparesseux.com*

## ASTER D'ÉTÉ

Nom botanique : *Aster* x *frikartii*

Famille : Astéracées

Hauteur : 70 cm

Largeur : 45 cm

Exposition : soleil, mi-ombre

Sol : humide, bien drainé, riche

Floraison : tout l'été

Zone de rusticité : 4

# ASTER D'AUTOMNE NAIN 'PURPLE DOME'

*<   Aster novae-angliae* 'Purple Dome'

Ce petit aster porte bien son nom : il forme vraiment un dôme pourpre dans la plate-bande automnale. C'est une sélection de l'aster de Nouvelle-Angleterre aux fleurs pourpre assez foncé aux nombreux rayons et à cœur jaune. Les feuilles étroites sont résistantes aux maladies qui affectent les grands asters d'automne. Notez que cette plante est souvent incluse dans le genre *A.* x *dumosus* avec les autres asters nains. Or, le genre *A.* x *dumosus* n'a aucune validité botanique. Il y a d'autres asters semblables aussi nains dans le genre *A. novi-belgii*, dont *A. novi-belgii* 'Kiestrbl' (Sapphire[MD]) et la série *A. novi-belgii* 'Wood's'.

Plantez ces plantes naines en bordure ou en pot. Dans le dernier cas, vous pouvez les cultiver en pépinière et les mettre en pleine vue quand elles sont en fleurs à l'automne. Il ne leur faut que des conditions de plate-bande ordinaires pour bien réussir.

Multiplication par division ou par bouturage de tige.

# ASTER D'ÉTÉ

*<   Aster* x *frikartii* 'Mönch'

Non, les asters ne sont pas tous à floraison automnale. Même qu'il existe des dizaines d'espèces qui fleurissent l'été ! Le plus connu de ce groupe est cet aster hybride, un croisement entre *A. amellus* et *A. thomsonii*. Il s'agit d'une plante à floraison très longue (huit semaines et plus) et portant de belles fleurs plus grosses que celles de la plupart des asters d'automne. Les deux cultivars les plus disponibles sont 'Mönch', à fleurs bleu lavande, et 'Wunder von Stäfa' ('Wonder of Staffa'), lavande pâle. Les deux ont un cœur jaune.

Plantez les asters d'été dans un sol plutôt riche et humide, mais quand même bien drainé. Le plein soleil convient mieux; 'Wunder von Stäfa', surtout, tend à être moins solide à la mi-ombre. Ils sont résistants au blanc et aux autres maladies qui affectent parfois le feuillage des asters d'automne.

La multiplication se fait par division ou par bouturage.

Photo : www.jardinierparesseux.com

### ASTILBE DE CHINE

Nom botanique : *Astilbe chinensis*

Famille : Saxifragacées

Hauteur : 25 à 150 cm

Largeur : 20 à 75 cm

Exposition : soleil, mi-ombre (ombre)

Sol : humide, bien drainé

Floraison : fin de l'été, début de l'automne

Zone de rusticité : 3

Photo : www.jardinierparesseux.com

### ASTILBE HYBRIDE

Nom botanique : *Astilbe* x *arendsii, A.* x *rosea, A.* x *hybrida,*
*A.* x *thunbergii*, etc.

Famille : Saxifragacées

Hauteur : 40 à 120 cm

Largeur : 50 à 80 cm

Exposition : soleil, mi-ombre

Sol : humide, bien drainé

Floraison : début à fin de l'été

Zone de rusticité : 3

# ASTILBE DE CHINE

< *Astilbe chinensis pumila*

L'astilbe de Chine est le plus variable de tous les astil-bes, donnant à la fois l'astilbe le plus petit (*A. chinensis pumila*, 20 cm) et le plus grand (*A. chinensis taquetii*, jusqu'à 1,5 m). Malgré leurs différences de hauteur, tous les astilbes de Chine ont des ressemblances physiques, notamment des épis floraux plus dressés que les autres astilbes. De plus, ils fleurissent nette-ment plus tardivement, et terminent leur saison de floraison à l'automne. Les fleurs sont généralement dans des teintes de rose lavande, parfois un peu plus pâle ou plus foncé selon la sous-espèce ou le cultivar. Les feuilles sont assez semblables à celles des autres astilbes, soit découpées à la manière d'une fougère.

L'astilbe de Chine est très intéressant dans les empla-cements qui ont tendance à devenir secs, car il est plus tolérant à la sécheresse que les autres variétés. Il est aussi plus tolérant à l'ombre. L'astilbe chinois nain (*A. chinensis pumila*) est un excellent couvre-sol.

# ASTILBE HYBRIDE

< *Astilbe* x *arendsii* 'Ellie Van Veen'

Il existe des centaines d'astilbes hybrides, de toutes les couleurs et de toutes les hauteurs. La plupart ont des feuilles très découpées, comme une fougère, habituellement vert foncé, mais parfois bronzées. Les fleurs sont regroupées en panicules diversement organisées, mais toujours très plumeuses et portées bien au-dessus du feuillage. La gamme des couleurs comprend le rouge, le rose, le blanc, le lavande et le pourpre.

La réputation des astilbes d'être des plantes d'ombre qui détestent le soleil a été grandement exagérée. En fait, ce qu'ils détestent, ce sont les sols secs, et souvent les emplacements au soleil sont secs. Par contre, ils poussent très bien au plein soleil dans un sol humide. À l'ombre, leur floraison est souvent nulle. La mi-ombre, par contre, comble tous leurs besoins, surtout si le sol est riche en matière organique.

On les multiplie par division et par bouturage des rhizomes.

Photo : www.jardinierparesseux.com

ASTILBOÏDE

Nom botanique : *Astilboides tabularis*,
    syn. *Rodgersia tabularis*

Famille : Saxifragacées

Hauteur (feuillage) : 90 à 100 cm

Hauteur (floraison) : 120 à 150 cm

Largeur : 100 cm

Exposition : soleil, mi-ombre

Sol : humide à détrempé, riche

Floraison : milieu de l'été

Zone de rusticité : 3

Photo : www.jardinierparesseux.com

ASTRANCE RADIAIRE, GRANDE RADIAIRE

Nom botanique : *Astrantia major*

Famille : Apiacées

Hauteur : 50 à 80 cm

Largeur : 45 cm

Exposition : soleil ou ombre

Sol : humide et riche

Floraison : été

Zone de rusticité : 3

# ASTILBOÏDE

< *Astilboides tabularis*

Le nom « astilboïde » suggère une ressemblance avec les astilbes (*Astilbe*), ce qui est bien vrai… en ce qui concerne les fleurs blanc crème, qui sont portées dans une panicule plumeuse comme celle d'un astilbe. Par contre, ces fleurs sont beaucoup moins intéressantes que le feuillage. En effet, les feuilles sont très originales. Gigantesques (presque 90 cm de diamètre), rondes, aux nervures enfoncées, à la marge grandement dentée, elles sont portées tel un parapluie, avec le pétiole presque en plein milieu. Ainsi confèrent-elles une allure tropicale à un aménagement.

Cette plante peut pousser dans un sol de jardin simplement humide, mais elle sera plus heureuse dans un sol très humide ou même détrempé. Ailleurs, assurez-vous de bien pailler le sol pour le garder plus humide. L'astilboïde préfère le soleil, mais encore là, tout dépend du sol. Là où le sol s'assèche au soleil, préférez la mi-ombre.

Multiplication par division ou par semis.

# ASTRANCE RADIAIRE

< *Astrantia major* 'Hadspen Blood'

Le nom *Astrantia* vient du latin « astra » pour étoile, car à la fois ses feuilles palmées et ses inflorescences sont en forme d'étoile. Les feuilles sont portées sur des tiges très ramifiées qui se terminent en de multiples inflorescences. Ce qui ressemble à une fleur unique est en fait un groupe de fleurs en forme de pelote d'épingles entouré d'une collerette de bractées. Les fleurs peuvent être roses, rouges ou blanches.

L'astrance radiaire peut pousser au soleil ou à l'ombre, mais son milieu de prédilection est la mi-ombre, là où elle recevra assez de lumière pour bien fleurir, mais aura moins tendance à souffrir de sécheresse que lorsqu'elle est au plein soleil. Elle se répandra volontiers par semences si vous laissez un peu d'espace libre de paillis. Les semis ne sont toutefois pas tout à fait fidèles au type. Pour multiplier fidèlement un cultivar, il faut le diviser.

Photo : www.jardinierparesseux.com

AUBRIÉTIE

Nom botanique : *Aubrieta* x *cultorum*

Famille : Crucifèracées

Hauteur : 7,5 à 15 cm

Largeur : 30 à 60 cm

Exposition : soleil

Sol : moyennement riche, bien drainé

Floraison : fin du printemps, début de l'été

Zone de rusticité : 3

# AUBRIÉTIE

< *Aubrieta* x *cultorum* 'Novalis'

Cette plante est très similaire à l'arabette (voir p. 56), mais elle offre une plus vaste gamme de couleurs. Il s'agit d'un sous-arbrisseau à feuillage persistant couvert de poils blancs, ce qui lui donne un effet argenté. La plante se recouvre de fleurs à quatre pétales à la fin du printemps. Les fleurs peuvent être rouges, roses, lavande, violettes ou blanches, simples ou doubles. Certains cultivars ont un feuillage panaché.

L'aubriétie est une plante alpine qui ne craint pas les froids de l'hiver. Par contre, elle supporte mal le mauvais drainage et tend à pourrir là où le sol ne s'assèche jamais. On peut donc la cultiver en pot, en rocaille, en pente, sur un muret ou dans une plate-bande surélevée. Le soleil est de rigueur. Elle a tendance à se dégarnir à partir du centre en vieillissant : une rapide taille après la floraison favorisera une repousse qui corrigera ce problème.

On la multiplie par bouturage.

Photo : www.jardinierparesseux.com

BAPTISIA AUSTRAL, LUPIN INDIGO, FAUX INDIGOTIER

Nom botanique : *Baptisia australis*

Famille : Légumineuses

Hauteur : 90 à 120 cm

Largeur : 60 à 90 cm

Exposition : soleil, mi-ombre

Sol : bien drainé

Floraison : fin du printemps

Zone de rusticité : 3

# BAPTISIA AUSTRALE

< *Baptisia australis*

Cette plante est un proche parent du lupin (*Lupinus*) avec des fleurs bleu-violet semblables, mais portées moins densément sur l'épi. D'ailleurs, elle est un excellent substitut pour le lupin, dont les problèmes de santé sont légion. C'est une grande vivace aux tiges épaisses et très solides, portant des feuilles trifoliées vert bleuté. Après la floraison, elle fait office de petit arbuste. Par ailleurs, des cosses pourpre foncé se forment à l'extrémité des tiges, renforçant ainsi l'effet ornemental.

La baptisia australe est une plante à croissance très lente qui peut prendre jusqu'à deux ans avant de fleurir. Par contre, elle est absolument permanente par la suite. Votre patience sera donc amplement récompensée. Elle préfère le plein soleil et un sol bien drainé, tolérant la sécheresse sans broncher. Par contre, elle n'aime pas les dérangements : mieux vaut obtenir de nouveaux plants par semis que de diviser une plante bien établie. Ou encore, achetez de nouveaux plants.

Photo: www.jardinierparesseux.com

**BARBE DE BOUC**

Nom botanique : *Aruncus dioicus*
Famille : Rosacées
Hauteur : 120 à 150 cm
Largeur : 120 cm
Exposition : soleil, mi-ombre, ombre
Sol : humide, riche
Floraison : début de l'été
Zone de rusticité : 3

Photo: www.jardinierparesseux.com

**BENOÎTE HYBRIDE**

Nom botanique : *Geum* x
Famille : Rosacées
Hauteur : 30 à 65 cm
Largeur : 30 à 60 cm
Exposition : soleil, mi-ombre
Sol : humide, bien drainé
Floraison : début de l'été
Zone de rusticité : 3

# BARBE DE BOUC

< *Aruncus dioicus*

Cette grande vivace a plutôt l'allure d'un arbuste, avec ses feuilles découpées vert foncé qui jaunissent à l'automne, ses tiges solidement dressées qui ne cèdent jamais au vent et ses grandes panicules de fleurs plumeuses blanc ivoire. Contrairement aux véritables arbustes cependant, elle meurt au sol l'hiver. On peut aussi lui trouver une ressemblance avec un astilbe géant. Les fleurs sèchent sur place et donnent un certain effet hivernal.

Cette vivace indigène pousse au soleil ou à l'ombre. Par contre, comme elle préfère un sol humide et que la terre tend à s'assécher au soleil, elle va généralement mieux à la mi-ombre. On peut même la cultiver dans les sols détrempés. Les tiges restent debout l'hiver; on peut les supprimer au printemps.

La multiplication est lente par semis et très difficile (il faut une scie ou une hache) par division. Mieux vaut acheter des plants supplémentaires.

# BENOÎTE HYBRIDE

< *Geum* 'Werner Arends'

Les benoîtes sont des vivaces formant une rosette basse qui porte au début de l'été, et parfois sporadiquement jusqu'à l'automne, des tiges grêles de fleurs simples, semi-doubles ou doubles en forme de mini-rose. Les couleurs sont habituellement chaudes : orange, rouge brique ou jaune. Le feuillage persistant est penné, mais le lobe terminal arrondi denté, beaucoup plus gros que les autres, domine. Le feuillage prend une teinte pourprée à l'automne. La hauteur varie selon le cultivar. Parmi les cultivars les plus florifères, il y a 'Fireball', 'Blazing Sunset' et 'Werner Arends'.

Les benoîtes demandent un sol humide l'été, mais elles exigent un bon drainage l'hiver. Une plate-bande surélevée remplie de bonne terre et bien paillée satisfera à ces exigences. Le soleil est parfait si vous pouvez assurer une humidité constante, autrement la mi-ombre est plus sûre.

Ces plantes ne sont nullement fidèles au type par semences et certaines sont d'ailleurs stériles. On les multiplie par division.

Photo : www.jardinierparesseux.com

### BERGENIA CORDIFOLIÉ

Nom botanique : *Bergenia cordifolia*

Famille : Saxifragacées

Hauteur : 30 à 50 cm

Largeur : 60 à 90 cm

Exposition : soleil ou ombre

Sol : tous les sols sauf les plus détrempés

Floraison : printemps

Zone de rusticité : 2

Photo : www.jardinierparesseux.com

### BÉTOINE

Nom botanique : *Stachys macrantha* (syn. *S. grandiflora*)
   et *S. monieri* (syn. *S. densiflora*)

Famille : Labiées

Hauteur : 45 à 60 cm

Largeur : 45 à 50 cm

Exposition : soleil, mi-ombre

Sol : bien drainé, ordinaire

Floraison : fin du printemps à milieu de l'été

Zone de rusticité : 3

# BERGENIA CORDIFOLIÉ

*<   Bergenia cordifolia* 'Morgenröte'

Le bergenia est vraiment unique parmi les vivaces de climat froid avec ses grandes feuilles charnues luisantes cordiformes qui persistent l'hiver. Elles sont vert foncé l'été, pourprées de l'automne jusqu'au printemps. À cette saison (et sporadiquement en été et à l'automne chez certains cultivars), elle produit des tiges rougeâtres portant des grappes de fleurs roses, rouges ou blanches qui durent plusieurs semaines. La plante forme – très lentement – un tapis de verdure grâce à ses tiges rampantes généralement cachées par le paillis.

Je ne connais aucune autre vivace aussi adaptable que le bergenia : soleil ou ombre, sol riche ou pauvre, sec ou humide, tout lui convient. Il faut quand même le pailler dans les situations très sèches, car il tolère moins bien la sécheresse que l'humidité. Il peut être nécessaire de le diviser pour ralentir sa croissance débordante, mais seulement après plusieurs années.

Multiplication par division ou par semences.

# BÉTOINE

*<   Stachys monieri* 'Hummelo'

Les deux espèces de bétoine sont très similaires et leur effet dans l'aménagement est semblable. Il s'agit de plantes produisant une dense rosette basale de feuilles matelassées aux marges festonnées et légèrement poilues. Les mêmes feuilles en plus petit se répètent sur la tige florale. Les tiges florales dressées portent à leur sommet un épi très dense de fleurs tubulaires rose-violet ou blanches et généralement un ou deux verticilles de fleurs plus bas sur la tige, ce qui donne un effet en candélabre. La plante refleurit fidèlement, donnant au total six à huit semaines de floraison.

Les bétoines préfèrent le plein soleil mais tolèrent bien la mi-ombre. Elles s'adaptent à presque tous les sols bien drainés : secs ou plutôt humides, riches ou pauvres. La touffe s'élargit peu à peu pour former une petite colonie après quelques années, en étouffant les mauvaises herbes au passage.

Multiplication par division pour les cultivars, par division et par semences pour les espèces.

Photo : www.jardinierparesseux.com

BOLTONIE, ASTER À MILLE FLEURS

Nom botanique : *Boltonia asteroides* 'Snowbank'

Famille : Astéracées

Hauteur : 90 à 120 cm

Largeur : 60 à 90 cm

Exposition : soleil

Sol : ordinaire

Floraison : fin de l'été jusqu'aux gels

Zone de rusticité : 3

Photo : www.jardinierparesseux.com

BRUNNERA, MYOSOTIS DU CAUCASE

Nom botanique : *Brunnera macrophylla*

Famille : Saxifragacées

Hauteur : 40 à 50 cm

Largeur : 40 cm

Exposition : soleil, mi-ombre, ombre

Sol : bien drainé, humide et riche

Floraison : fin du printemps à début de l'été

Zone de rusticité : 3

# BOLTONIE 'SNOWBANK'

< *Boltonia asteroides* 'Snowbank'

*Asteroides* veut dire « comme un aster » et il est vrai que les fleurs de la boltonie ressemblent à celles d'un aster : de petites marguerites à cœur jaune. Mais les tiges de la boltonie sauvage, un monstre de 2 m de hauteur, sont trop faibles pour plaire à un jardinier paresseux, car elles « s'effoirent » s'il n'y a pas un arbuste ou un tuteur contre lequel s'appuyer. 'Snowbank' est une sélection plus courte (90 à 120 cm) et plus solide. À la toute fin de l'été et à l'automne, la plante produit un nuage translucide de fleurs blanches et de feuilles étroites bleu-vert, presque comme un souffle de bébé (*Gypsophila*), mais à fleurs plus grosses.

C'est une vivace de culture facile, adaptée à tous les sols, mais exigeant le plein soleil (à la mi-ombre, même 'Snowbank' s'effondre). On la multiplie facilement par division au printemps. Les semis, par contre, ne sont pas fidèles au type.

# BRUNNERA

< *Brunnera macrophylla*

Cette superbe vivace des sous-bois ouverts offre deux plantes en une seule. Au printemps, elle produit de nombreuses tiges minces qui portent des petites feuilles et des fleurs bleu ciel identiques à celles des myosotis (d'où le nom commun « myosotis du Caucase »). Mais quand les fleurs se fanent, une rosette de nouvelles feuilles se forme. Elles sont beaucoup plus grosses et en forme de cœur, cachant rapidement les tiges faiblissantes. Le reste de l'été, le brunnera fait office de hosta, ou presque.

Il existe plusieurs cultivars de cette plante à feuillage panaché, parfois de blanc, parfois d'argent. Ils sont particulièrement intéressants l'été.

Le brunnera tolère difficilement la sécheresse, préférant un sol humide en tout temps. Ainsi, un paillis est de rigueur. Lorsque le sol va, tout va ; ainsi peut-il pousser au soleil ou à l'ombre.

Multiplication par semences (pour l'espèce) ou par division.

Photo : www.jardinierparesseux.com

**BUGLE RAMPANTE**

Nom botanique : *Ajuga reptans*

Famille : Labiées

Hauteur (feuilles) : 10 cm

Hauteur (fleurs) : 20 cm

Largeur : indéfinie

Espacement à la plantation : 25 cm

Exposition : soleil, mi-ombre, ombre

Sol : bien drainé, humide et riche

Floraison : fin du printemps, début de l'été

Résistance au piétinement : moyenne

Zone de rusticité : 5 (3 sous couvert de neige)

# BUGLE RAMPANTE

< *Ajuga reptans* 'Atropurpurea'

Cette petite vivace populaire est surtout employée comme couvre-sol pour ses feuilles luisantes persistantes en forme de spatule et ses courts épis de fleurs bleu violacé à la fin du printemps. L'espèce présente des feuilles vert moyen, mais elle est peu cultivée. Les nombreux cultivars sont tout sauf vert : bronzés, pourpres, panachés de blanc, panachés de blanc *et* de rose, etc.

Utilisez uniquement cette plante là où sa capacité de former un tapis sans fin serait utile. Dans un aménagement restreint, elle quittera rapidement son emplacement pour devenir envahissante. Une barrière ne peut pas la contenir, car elle s'étend surtout par stolons aériens qui passent par-dessus les barrières. Elle n'est pas aussi rustique qu'on pense. D'accord, elle poussera en zone 3, mais elle sera sévèrement endommagée si la neige manque l'hiver.

La multiplication ne pose aucun problème : prenez des divisions ou des boutures de stolons à votre guise.

Photo : www.jardinierparesseux.com

**BUGLOSSE AZURÉE, BUGLOSSE D'ITALIE, LANGUE-DE-BOEUF**

Nom botanique : *Anchusa azurea*

Famille : Boraginacées

Hauteur : 90 à 150 cm

Largeur : 60 cm

Exposition : soleil, mi-ombre

Sol : humide, bien drainé

Floraison : tout l'été

Zone de rusticité : 3

# BUGLOSSE AZURÉE

< *Anchusa azurea*

Si vous aimez les couleurs riches, vous adorerez la buglosse azurée. Elle produit une succession de fleurs bleu royal intense pendant tout l'été sur des tiges qui sont enroulées au début comme des crosses de fougère. Les fleurs individuelles à cinq pétales ressemblent à celles des myosotis ou forget-me-not (*Myosotis scorpioides*) en plus gros et en plus intense. Les feuilles vertes à la texture rugueuse ont la forme d'une langue, d'où le sobriquet « langue-de-bœuf ». La plante forme de nombreuses tiges florales.

L'espèce même est une grande plante qui s'élève jusqu'à 1,5 m et qui a tendance à s'effondrer en plein été, donc qui n'est pas aussi intéressante que ses cultivars de moindre taille et à la tige florale plus solide, comme 'Loddon Royalist' (90 cm) ou 'Little John' (45 cm). C'est une vivace de courte vie qui se ressème facilement, et même les cultivars sont généralement assez fidèles au type.

CAMPANULE À BOUQUET, CAMPANULE AGGLOMÉRÉE

Nom botanique : *Campanula glomerata*

Famille : Campanulacées

Hauteur : 40 à 60 cm

Largeur : 40 à 60 cm

Exposition : soleil, mi-ombre

Sol : bien drainé, humide

Floraison : début à milieu de l'été

Zone de rusticité : 3

CAMPANULE DES CARPATES

Nom botanique : *Campanula carpatica*

Famille : Campanulacées

Hauteur : 30 cm

Largeur : 30 cm

Exposition : soleil, mi-ombre

Sol : bien drainé

Floraison : tout l'été

Zone de rusticité : 3

# CAMPANULE À BOUQUET

*<*  *Campanula glomerata*

Il y a plusieurs centaines de campanules et la majorité font de bonnes plantes de jardin, mais la campanule à bouquet est parmi les plus populaires. Et pourquoi pas, car, comme son nom commun le suggère, elle présente de beaux bouquets de fleurs sur ses tiges florales. Les fleurs, en forme de coupe, sont violettes chez l'espèce, et présentent différentes teintes de pourpre, de bleu-violet, de blanc et de rose chez les différents cultivars. La plante est composée d'une rosette basale de feuilles longues et pointues avec une ou plusieurs tiges dressées portant des feuilles plus petites.

La campanule à bouquet est bien adaptée aux conditions normales des plates-bandes et ne demande que du soleil ou de la mi-ombre ainsi qu'un sol humide et bien drainé. Il peut arriver que la plante se fatigue après quelques années et fleurisse moins, signe qu'il vaut la peine de la diviser. On peut aussi la multiplier par bouturage ou par semences.

# CAMPANULE DES CARPATES

*<*  *Campanula carpatica*

C'est de loin la plus populaire des campanules de nos jardins, car elle fleurit presque tout l'été et produit des fleurs très grosses (5 cm de diamètre) par rapport à sa petite taille. De plus, elles sont dressées (ce qui n'est pas toujours le cas chez les campanules), donc plus visibles. Les fleurs en forme de coupe peuvent être bleu-violet, pourpres ou blanches. La plante forme un dôme arrondi de feuilles triangulaires vert foncé et est entièrement couverte de fleurs par moments.

Plantez-la au plein soleil ou à la mi-ombre dans tout sol bien drainé. La plante passe par une période « vilain petit canard » au milieu de l'été quand les premières fleurs se sont fanées, avant que la deuxième floraison soit commencée. Un passage de la tondeuse permettra un bon ménage.

On la multiplie par semences (sauf certains cultivars qui ne sont pas fidèles au type par semences) ou par division.

Photo: www.jardinierparesseux.com

### CAMPANULE DES MURAILLES

Nom botanique : *Campanula portenschlagiana,*
   syn. *C. muralis*

Famille : Campanulacées

Hauteur : 10 à 15 cm

Largeur : 30 cm

Exposition : soleil, mi-ombre

Sol : ordinaire, bien drainé

Floraison : tout l'été

Zone de rusticité : 4

Photo: www.jardinierparesseux.com

### CAMPANULE LACTIFLORE NAINE,
### CAMPANULE À FLEURS LAITEUSES NAINE

Nom botanique : *Campanula lactiflora* 'Pritchard's Variety'
   et autres

Famille : Campanulacées

Hauteur : 70 à 80 cm

Largeur : 40 cm

Exposition : soleil, mi-ombre

Sol : tous les sols bien drainés

Floraison : été, début de l'automne

Zone de rusticité : 3

# CAMPANULE DES MURAILLES

< *Campanula portenschlagiana*

Plusieurs campanules sont des plantes alpines, acclimatées aux conditions de haute montagne, et c'est le cas de la campanule des murailles, qui est la plus populaire de ce groupe. Elle forme d'abord une rosette arrondie de feuilles produisant un tapis bas de feuilles dentées vert foncé plutôt cordiformes, puis des tiges rampantes. Les fleurs violettes en clochette sont petites mais nombreuses et produites sur une longue saison. D'autres cultivars ont des fleurs blanches ou bleu vif. L'hiver, les tiges rampantes meurent, mais la rosette reste verte.

La campanule des murailles semble pousser aussi bien au soleil qu'à la mi-ombre. Elle préfère les sols pas trop riches, et surtout bien drainés. C'est un excellent choix pour la rocaille et les murets d'où elle retombe en cascade, mais aussi comme couvre-sol dans une plate-bande plus classique.

On peut la multiplier par division, par bouturage de tige ou par semences.

# CAMPANULE LACTIFLORE NAINE

< *Campanula lactiflora* 'Pritchard's Variety'

La campanule lactiflore est parmi les plus grandes campanules : dans de bonnes conditions, elle peut atteindre jusqu'à 1,5 m. Par contre, elle a tendance à s'écraser au sol en pleine floraison, ce qui n'est pas très élégant. Je vous suggère d'essayer l'une des variétés plus courtes, comme 'Pritchard's Variety' (70 à 80 cm) ou 'Pouffe' (25 à 45 cm).

La plante produit de nombreuses tiges portant des centaines de fleurs étoilées lilas vif, une floraison qui se maintient tout l'été et souvent jusqu'en automne. Il existe aussi des cultivars à fleurs blanches ou rose lilas.

Les campanules lactiflores poussent et fleurissent aussi bien à la mi-ombre qu'au soleil et semblent presque indifférentes à la qualité du sol pour autant qu'il soit bien drainé. Elles sont à croissance rapide et font une floraison spectaculaire dès la première année.

On les multiplie par division (les cultivars ne sont pas fidèles au type par semences).

CENTAURÉE À GROSSES FLEURS,
CENTAURÉE À GROSSE TÊTE

Nom botanique : *Centaurea macrocephala*

Famille : Astéracées

Hauteur : 90 à 120 cm

Largeur : 45 à 60 cm

Exposition : soleil, mi-ombre

Sol : bien drainé

Floraison : milieu de l'été, automne

Zone de rusticité : 3

CENTAURÉE DE MONTAGNE,
CENTAURÉE DES MONTAGNES, BLEUET VIVACE

Nom botanique : *Centaurea montana*

Famille : Astéracées

Hauteur : 45 à 60 cm

Largeur : 40 cm

Exposition : soleil, mi-ombre

Sol : bien drainé

Floraison : fin du printemps à milieu de l'été

Zone de rusticité : 3

# CENTAURÉE À GROSSES FLEURS

< *Centaurea macrocephala*

Le genre *Centaurea* est vaste (plus de 500 espèces), offrant à la fois des annuelles et des vivaces. Du dernier groupe, l'une des plus spectaculaires est sûrement la centaurée à grosses fleurs. Elle forme une rosette basse de feuilles poilues longues et étroites suivie de plusieurs tiges épaisses et solides portant des feuilles plus petites légèrement ondulées. Au sommet se forme une énorme inflorescence qui peut atteindre jusqu'à 10 cm de diamètre. Son effet est très durable, car elle est attrayante avant, pendant et après la floraison véritable. En effet, le bouton est couvert de bractées dorées, ressemblant à un mini-ananas. Puis les fleurs très étroites, ébouriffées, jaune vif, se forment au sommet. Après la floraison, le mini-ananas refait son apparition.

C'est une vivace de culture facile, adaptée à tous les sols bien drainés, même les plus pauvres. Il lui faut normalement le plein soleil, mais la mi-ombre est acceptable.

On la multiplie surtout par semences.

# CENTAURÉE DE MONTAGNE

< *Centaurea montana*

C'est une vivace classique des plates-bandes d'autrefois, sans doute rendue populaire par sa grande capacité de se ressemer, ce qui fait qu'elle se maintient très bien, même si la plante elle-même est plutôt de courte vie pour une vivace (trois à cinq ans).

Les feuilles entières lancéolées sont de couleur argentée au printemps, vert moyen l'été. Les tiges ramifiées solides donnent des fleurs composées très aérées bleu-violet au centre rouge pourpré. Il existe aussi des cultivars à fleurs blanches et pourpre foncé. Elles se succèdent pendant six semaines et plus au début de la saison.

Comme toutes les centaurées, la qualité du sol n'a pas d'importance pour autant qu'il soit bien drainé. La plante pousse mieux au soleil, mais tolère la mi-ombre.

La multiplication se fait surtout en prélevant les semis qui germent partout où il n'y a pas de paillis, mais on peut aussi récolter et semer les graines.

CENTAURÉE DE PERSE, CENTAURÉE BLANCHÂTRE

Nom botanique : *Centaurea dealbata*

Famille : Saxifragacées

Hauteur : 50 à 75 cm

Largeur : 30 à 60 cm

Exposition : soleil, mi-ombre

Sol : bien drainé

Floraison : début à milieu de l'été

Zone de rusticité : 4

CÉPHALAIRE GÉANTE, SCABIEUSE GÉANTE, SCABIEUSE JAUNE

Nom botanique : *Cephalaria gigantea*

Famille : Dipsacacées

Hauteur : 1,5 à 2,5 m

Largeur : 100 à 120 cm

Exposition : soleil, mi-ombre

Sol : riche, humide, bien drainé

Floraison : tout l'été

Zone de rusticité : 4

# CENTAURÉE DE PERSE

< *Centaurea dealbata*

C'est une belle grande centaurée formant une rosette de longues feuilles découpées, vert foncé sur le dessus et couvertes de poils blancs sur le dessous. Au début de l'été, elle produit de solides tiges florales portant de plus petites feuilles entières et, au sommet, une seule « fleur » frangée (en fait, une fleur composée). La fleur varie entre lilas et pourpre, mais toujours avec un centre blanc. Le populaire cultivar 'Steenbergii' est plus compact (60 cm), avec des fleurs rose pourpré qui durent plus longtemps. Très semblable (je n'ai jamais pu le distinguer autrement que par la couleur rose de ses fleurs) est *C. hypoleuca* 'John Coutts', 60 cm.

Cultivez la centaurée de Perse au soleil ou à la mi-ombre dans un sol riche ou pauvre, humide ou plutôt sec, mais toujours bien drainé.

On la multiplie surtout par semences (les cultivars semblent fidèles au type), mais aussi par division.

# CÉPHALAIRE GÉANTE

< *Cephalaria gigantea*

La céphalaire géante a des fleurs semblables à celles d'une scabieuse (*Scabiosa*) : un disque central bombé composé aux étamines proéminentes, donnant un effet de pelote d'épingles, entouré de plusieurs rangées de bractées aplaties de la même couleur.

On remarque deux choses en voyant une céphalaire géante pour la première fois. D'abord, sa grande hauteur (dans la plupart des situations, elle dépasse 2 m), puis la couleur de ses fleurs de 6,5 cm. Elles sont d'un jaune très doux, couleur très rare chez les fleurs. Son port est très aérien, car le feuillage – de grosses feuilles pennées vert foncé – est concentré à la base et les fleurs sont portées sur des tiges ramifiées très hautes. La plante fleurit surtout au début de l'été, mais refleurit sporadiquement jusqu'à l'automne.

Plantez-la au soleil ou à la mi-ombre dans un sol ordinaire à riche, bien drainé mais toujours humide.

On la multiplie par division ou par semences.

# CÉRAISTE TOMENTEUX

CÉRAISTE TOMENTEUX, CÉRAISTE COTONNEUX, CORBEILLE D'ARGENT

Nom botanique : *Cerastium tomentosum*

Famille : Caryophyllacées

.Hauteur : 15 à 20 cm

Largeur : 45 cm

Exposition : soleil

Sol : ordinaire, bien drainé

Floraison : fin du printemps, début de l'été

Zone de rusticité : 2

< *Cerastium tomentosum*

Le céraiste tomenteux est un classique des rocailles d'autrefois, à tel point que cette plante eurasiatique a pris la poudre d'escampette et est maintenant bien établie un peu partout dans nos régions.

C'est une plante rampante, formant un beau tapis de feuilles étroites très argentées coiffées d'une masse de fleurs blanc pur à cinq pétales encochés. Le nom anglais exprime bien son effet : « snow-in-summer » (neige en été) ! Toutefois l'espèce est très envahissante, à la fois par ses semences et par ses stolons souterrains, et n'a certainement pas une place dans une rocaille bien ordonnée. Je recommande plutôt ses cultivars, plus compacts et moins enclins à vagabonder, comme 'Silberteppich' ('Silver Carpet'), 'Yo Yo' et *C. tomentosum columnae*.

Cette plante de misère s'accommode de presque tout, pouvant pousser dans le sable pur comme dans le gravier. Toutefois un bon drainage et le plein soleil sont obligatoires. Multiplication par semences ou par division.

# CHARDON BLEU

CHARDON BLEU, BOULE AZURÉE

Nom botanique : *Echinops ritro*

Famille : Astéracées

Hauteur : 90 à 120 cm

Largeur : 60 cm

Exposition : soleil

Sol : ordinaire, bien drainé, sec

Floraison : milieu de l'été à l'automne

Zone de rusticité : 3

< *Echinops ritro*

Malgré son nom, les feuilles, longues et dentées, vert à l'endroit, grises et poilues à l'envers, ne sont pas si piquantes. Les inflorescences ressemblent à des boules bleu argenté et sont couvertes de piquants solides. D'ailleurs, le mot *Echinops* vient du grec signifiant « hérisson ». Les boutons font de superbes fleurs coupées et gardent bien leur couleur bleu métallique une fois séchées. Si vous les laissez fleurir, ils se convertissent en fleurs bleu violacé. L'effet des boutons, des fleurs et des capsules dure six semaines et plus. Les « boules », maintenant brunes, attirent aussi les regards l'hiver… et les oiseaux granivores.

C'est une plante de culture très facile, qui s'adapte bien aux sols riches ou pauvres, secs ou assez humides, mais il lui faut un bon drainage et du soleil.

On peut la multiplier par bouturage de racines (tranchez dans le sol à côté du plant-mère), par division ou par semences.

Photo : Jeffries Nurseries

CHRYSANTHÈME D'AUTOMNE,
CHRYSANTHÈME DES FLEURISTES

Nom botanique : *Chrysanthemum* x *morifolium,*
   syn. *Dendranthema* x *grandiflorum*

Famille : Astéracées

Hauteur : 45 à 75 cm

Largeur : 50 à 120 cm

Exposition : soleil, mi-ombre

Sol : riche, bien drainé

Floraison : fin de l'été et automne

Zone de rusticité : 3 (séries recommandées),
   5 à 8 (autres variétés)

Photo : www.jardinierparesseux.com

CHRYSANTHÈME RUBELLUM HYBRIDE, CHRYSANTHÈME
D'AUTOMNE, MARGUERITE D'AUTOMNE

Nom botanique : *Chrysanthemum* x *rubellum* 'Clara Curtis',
   syn. *Dendranthema zawadskii latilobium* 'Clara Curtis'

Famille : Astéracées

Hauteur : 60 à 90 cm

Largeur : 40 à 75 cm et plus

Exposition : soleil, mi-ombre

Sol : riche, bien drainé

Floraison : fin de l'été et automne

Zone de rusticité : 3

# CHRYSANTHÈME D'AUTOMNE

< *Chrysanthemum* x *morifolium* 'Jefbiz' Showbiz[MD]

Je ne peux pas recommander globalement les chrysan-thèmes d'automne pour la plate-bande automnale. Ce groupe comprend surtout des plantes développées à des fins de fleurs coupées ou de potées fleuries, mais pas pour la culture à l'extérieur. Vous *pouvez* acheter n'importe quel chrysanthème, le planter et prier le Saint-Esprit. Les chances qu'il soit rustique sont minimales. Je vous suggère de vous procurer plutôt l'un des nouveaux « chrysanthèmes rustiques » développés pour les climats froids, comme ceux de la série Firecracker ('Jefttail' Tigertail[MD], 'Jefstorm' Firestorm[MD], etc.,) ou des séries Morden, Minn ou My Favorite. Attention ! La plupart des jardineries ne vendent encore que des variétés peu recommandables.

Il s'agit de plantes en dôme basses ou dressées aux fleurs doubles ou semi-doubles dans une vaste gamme de couleurs.

Plantez-les dans un sol riche et bien drainé au soleil ou à la mi-ombre.

Multipliez-les par bouturage ou par division.

# CHRYSANTHÈME RUBELLUM HYBRIDE

< *Chrysanthemum* x *rubellum* 'Clara Curtis'

C'est le chrysanthème d'automne classique des régions nordiques, où le vrai chrysanthème d'automne, *C.* x *morifolium* (voir la fiche précédente), n'a jamais été très fiable. Cependant notre chrysanthème nordique ne ressemble pas vraiment à un chrysanthème, mais à une marguerite, car il porte des inflorescences simples (rarement semi-doubles) avec un disque central jaune entouré de rayons étroits. 'Clara Curtis', de loin le plus connu du groupe, porte des rayons roses. Les autres du groupe ont des fleurs jaunes, pêche ou d'autres teintes de rose.

La plante forme une touffe de feuilles très découpées aux tiges feuillues coiffées chacune d'une seule inflo-rescence. La touffe grossit rapidement et peut devenir envahissante si on ne la plante pas à l'intérieur d'une barrière. Elle pousse bien dans les sols riches des plates-bandes et préfère le plein soleil. Elle fleurit bien à la mi-ombre, mais a alors des tiges moins solides.

Multiplication par division.

Photo : www.jardinierparesseux.com

**CIBOULETTE**

Nom botanique : *Allium schoenoprasum*

Famille : Alliacées

Hauteur : 20 à 35 cm

Largeur : 30 cm

Exposition : soleil, mi-ombre, ombre

Sol : riche, humide, bien drainé

Floraison : fin du printemps à milieu de l'été

Zone de rusticité : 1

Photo : www.jardinierparesseux.com

**CIMICIFUGE À GRAPPES, CIMICIFUGE À GRAPPES NOIRES, CIMICIFUGE AMÉRICAINE, CIMICAIRE À GRAPPES, HERBE DE SAINT-CHRISTOPHE**

Nom botanique : *Cimicifuga racemosa,* maintenant *Actaea racemosa*

Famille : Renonculacées

Hauteur : 120 à 240 cm

Largeur : 60 à 120 cm

Exposition : soleil, mi-ombre, ombre

Sol : bien drainé, humide, riche

Floraison : fin de l'été à l'automne

Zone de rusticité : 3

# CIBOULETTE

< *Allium schoenoprasum*

La ciboulette dans un livre sur les vivaces ? Pourquoi pas ? C'est une très jolie plante, facilement comparable à toute autre vivace ornementale dans ce livre. Et c'est bien une vivace !

La ciboulette produit de denses touffes de feuilles vert moyen cylindriques, pointues et dressées. Le feuillage est aromatique. À partir de la fin du printemps, la plante se coiffe d'ombelles denses de petites clochettes violet clair qui durent presque deux mois. Il existe aussi des cultivars à fleurs blanches, roses ou pourpres.

La ciboulette peut pousser dans tous les sols, riches ou pauvres, secs ou humides, acides ou alcalins. Elle préfère les sols bien drainés l'été, mais peut tolérer être inondée au printemps. Elle pousse mieux au soleil et à la mi-ombre, mais elle réussit aussi à l'ombre.

On la multiplie facilement par division et par semences.

Ai-je besoin de mentionner que ses feuilles et ses fleurs sont comestibles ?

# CIMICIFUGE À GRAPPES

< *Cimicifuga racemosa*

Il faut bien choisir sa cimicifuge si vous vivez en climat froid. En effet, la plupart fleurissent très, très tardivement, et un gel trop sévère au mauvais moment peut éliminer la floraison pour l'année. De toute façon, visiteriez-vous vraiment votre plate-bande en novembre pour les admirer ? C'est pourquoi je recommande l'une des plus hâtives des cimicifuges, *C. racemosa*, qui fleurit au début de l'automne.

C'est une grande plante produisant de grandes feuilles composées et de hauts épis floraux. Les épis minces de petites fleurs blanches plumeuses sont très dressés et ramifiés, donnant un effet de candélabre. Elles dégagent un parfum désagréable, mais seulement si on les hume.

Cette plante de sous-bois préfère un emplacement à la mi-ombre ou à l'ombre dans un sol riche en matière organique et toujours un peu humide. On peut toutefois la cultiver au plein soleil dans un sol très humide.

Multiplication par division. Les plantes sont à croissance très lente.

Photo: Jeffries Nurseries

CŒUR-SAIGNANT DES JARDINS, CŒUR DE MARIE,
CŒUR DE JEANNETTE

Nom botanique : *Dicentra spectabilis*

Famille : Fumariacées

Hauteur : 60 à 90 cm

Largeur : 90 cm

Exposition : soleil, mi-ombre, ombre

Sol : riche, meuble, bien drainé

Floraison : fin du printemps, début de l'été

Zone de rusticité : 2

Photo: www.jardinierparesseux.com

CŒUR-SAIGNANT DU PACIFIQUE

Nom botanique : *Dicentra formosa*

Famille : Fumariacées

Hauteur : 23 à 38 cm

Largeur : 20 à 60 cm

Exposition : soleil, mi-ombre, ombre

Sol : riche, bien drainé, humide

Floraison : printemps à fin de l'été

Zone de rusticité : 3

# CŒUR-SAIGNANT DES JARDINS

*< Dicentra spectabilis*

Non, ce n'est pas une nouveauté, mais il y a toujours de la place pour les plantes classiques dans nos jardins. Et quelle belle plante ! Avec ses grandes feuilles découpées et ses tiges arquées portant des fleurs roses en forme de cœur, le cœur-saignant est de toute beauté.

Par la suite, il peut entrer en dormance estivale; c'est le cas en zone 5 et parfois en zone 4. Mieux vaut le planter où l'on ne verra pas ses feuilles jaunir en plein été. Cependant, là où les étés sont frais et pluvieux, le feuillage persiste jusqu'à l'automne.

Le cœur-saignant des jardins est une plante à planter et à laisser aller. Il n'aime pas les dérangements et les divisions, et peut pousser tout seul pendant 60 ans ou plus. Il va au soleil ou à l'ombre, et préfère un sol riche et bien meuble. N'essayez même pas de le multiplier : si vous en avez besoin d'autres, achetez-les !

# CŒUR-SAIGNANT DU PACIFIQUE

*< Dicentra formosa*

Plus petit que son grand frère de la fiche précédente, le cœur-saignant du Pacifique (*D. formosa*) produit aussi des feuilles plus découpées, comme des frondes de fougère, habituellement vert pomme, mais bleutées chez certains cultivars. Les fleurs en forme de cœur allongé sont rose moyen chez l'espèce, de blanc à rose pâle et à rouge pourpré chez les cultivars. Elles se renouvellent durant tout l'été si les conditions sont favorables.

Cette plante préfère surtout la fraîcheur. Trop de chaleur, et elle arrête de fleurir et peut même entrer en dormance estivale. C'est pourquoi un emplacement à la mi-ombre ou même à l'ombre conviendrait mieux. Elle poussera bien au plein soleil dans les régions fraîches où le sol demeure frais et humide, notamment sous un paillis. Pour un beau succès, préférez un sol riche et bien drainé. Cette plante court par rhizomes souterrains et fait un excellent couvre-sol.

On la multiplie par division.

Photo : www.jardinierparesseux.com

COQUELOURDE DES JARDINS, LYCHNIDE CORONAIRE

Nom botanique : *Lychnis coronaria*

Famille : Caryophyllacées

Hauteur : 45 à 90 cm

Largeur : 30 à 45 cm

Exposition : soleil, mi-ombre

Sol : bien drainé

Floraison : milieu à fin de l'été

Zone de rusticité : 3

Photo : www.jardinierparesseux.com

CORBEILLE D'OR

Nom botanique : *Aurinia saxatilis,* syn. *Alyssum saxatile*

Famille : Crucifëracées

Hauteur : 20 à 30 cm

Largeur : 30 à 45 cm

Exposition : soleil

Sol : pas trop riche, bien drainé

Floraison : fin du printemps, début de l'été

Zone de rusticité : 3

# COQUELOURDE DES JARDINS

### < *Lychnis coronaria*

Classique des plates-bandes de cottage d'autrefois, cette plante méditerranéenne s'est naturalisée un peu partout en Amérique autour d'anciens jardins. On la reconnaît facilement, même avant qu'elle fleurisse, par ses feuilles et des tiges fortement couvertes de poils blancs qui paraissent argentées. Les fleurs sont produites sur des tiges ramifiées bien au-dessus du feuillage. Les fleurs à cinq pétales larges sont normalement magenta vif, mais elles peuvent être rouges, roses, blanches ou bicolores, selon le cultivar.

C'est une plante de courte vie (presque une bisannuelle) et à croissance rapide, fleurissant la même année à partir de semis faits à l'intérieur. La coquelourde des jardins est bien adaptée aux conditions sèches, et pourtant elle réussit très bien dans une plate-bande de paresseux au sol enrichi. Le plein soleil ou la mi-ombre lui conviennent très bien. La plante se ressème spontanément, parfois très abondamment. Un paillis aidera à contenir ses élans.

# CORBEILLE D'OR

### < *Aurinia saxatilis*

Ce sous-arbrisseau est une plante alpine qui se recouvre de petits bouquets jaune or à la fin du printemps, méritant bien son nom de « corbeille d'or ». Certains cultivars ont des fleurs orange, saumon ou jaune citron. Les fleurs ont quatre pétales et forment une croix… soit la forme classique d'une Crucifère (qui veut dire « en croix »). Le feuillage est persistant et gris-vert. La plante rampe sur le sol, formant un dôme aplati.

Offrez-lui le plein soleil et un bon drainage. Elle préfère les sols plutôt pauvres et tolère bien la sécheresse. Il faut éviter les sols trop riches qui provoquent une croissance lâche. Si elle devient moins dense avec le temps, rabattez-la à 5 cm du sol après la floraison et elle repoussera rapidement. C'est un excellent choix pour la culture en contenant et sur les murets, ainsi que dans la rocaille.

On la multiplie par division ou par bouturage de tige.

Photo: Jeffries Nurseries

### CORÉOPSIS À GRANDES FLEURS

Nom botanique : *Coreopsis grandiflora*

Famille : Astéracées

Hauteur : 40 à 90 cm

Largeur : 30 cm

Exposition : soleil

Sol : très bien drainé, plutôt pauvre

Floraison : tout l'été

Zone de rusticité : 3

Photo: www.jardinierparesseux.com

### CORÉOPSIS VERTICILLÉ

Nom botanique : *Coreopsis verticillata*

Famille : Astéracées

Hauteur : 40 à 90 cm

Largeur : 40 cm

Exposition : soleil, mi-ombre

Sol : très bien drainé, pauvre

Floraison : tout l'été, début de l'automne

Zone de rusticité : 3

# CORÉOPSIS À GRANDES FLEURS

< *Coreopsis grandiflora*

La vivace qui se prenait pour une annuelle ! En effet, le coréopsis à grandes fleurs fleurit rapidement à partir de semences dès le premier été et la floraison se poursuit tout au long de l'été, comme chez une annuelle. Et cet impatient mène même une vie d'annuelle, étant de faible longévité (trois ou quatre ans).

La plante produit une touffe basale de feuilles lancéolées ou parfois découpées portant de minces tiges florales qui se succèdent durant tout l'été. La fleur composée est en forme de marguerite : un disque central bombé jaune entouré de rayons jaune or, parfois rouges à la base. Les rayons sont incisés à l'extrémité. Beaucoup de cultivars sont cependant semi-doubles ou doubles.

Plantez-le au soleil dans un sol très bien drainé, car il craint l'humidité excessive durant l'hiver. Que le sol soit riche ou pauvre semble peu le déranger. Évitez toutefois les engrais riches en azote qui l'affaiblissent.

Multiplication par division ou par semences.

# CORÉOPSIS VERTICILLÉ

< *Coreopsis verticillata*

Peu de vivaces ont un feuillage aussi fin que le coréopsis : les minces feuilles trifoliées sont comme des fils verts qui laissent voir à travers la plante comme à travers un tissu diaphane. Les tiges dressées portent des fleurs jaunes en forme de marguerite. La plupart des sélections ont des fleurs jaune franc, mais le très populaire 'Moonbeam' offre des fleurs jaune doux. La hauteur varie aussi. L'espèce atteint jusqu'à 90 cm, mais certains cultivars sont presque des couvre-sols à 40 cm.

Pour un effet semblable mais dans d'autres couleurs, il y a le coréopsis rose (*C. rosea*) (40 cm x 40 cm).

Le plein soleil, ou à tout le moins une mi-ombre proche du plein soleil, est nécessaire. La qualité du sol a peu d'importance pour autant qu'il se draine bien. Cette plante est originaire de régions arides et tolère très bien la sécheresse.

On la multiplie facilement par division.

Photo : www.jardinierparesseux.com

CORYDALE JAUNE, FUMETERRE JAUNE

Nom botanique : *Corydalis lutea*

Famille : Fumariacées

Hauteur : 30 à 40 cm

Largeur : 30 à 40 cm

Exposition : soleil, mi-ombre, ombre

Sol : ordinaire, bien drainé

Floraison : milieu du printemps à milieu de l'automne

Zone de rusticité : 3

Photo : www.jardinierparesseux.com

CRAMBE DU CAUCASE, CRAMBE À FEUILLES CORDÉES, CRAMBE À FEUILLES EN CŒUR, CHOU NUAGE BLANC

Nom botanique : *Crambe cordifolia*

Famille : Crucifèracées

Hauteur (feuillage) : 1,2 m

Hauteur (floraison) : 1,5 à 2 m

Largeur : 1 à 1,2 m

Exposition : soleil

Sol : profond, humide

Floraison : début à milieu de l'été

Zone de rusticité : 4

# CORYDALE JAUNE

< *Corydalis lutea*

La corydale jaune commence à fleurir au milieu du printemps et est encore en fleurs au milieu de l'automne ! Elle produit des feuilles très découpées bleu-vert rappelant des frondes de fougère. Les petites fleurs jaune pâle rappellent par leur forme un cœur saignant allongé.

La corydale jaune est originaire de sols calcaires, mais semble bien tolérer les sols plutôt acides de nos régions. Si cependant votre sol présente un pH de moins de 6, il faudra chauler pour la contenter. Et aussi assurer un excellent drainage. Autrement, elle est des plus faciles, poussant au soleil ou à l'ombre et dans les sols riches ou pauvres.

Elle ne vit pas très longtemps (deux ou trois ans), mais se ressème abondamment. Elle a une prédilection pour les rocailles et les murets, et va sans doute se ressemer à ces endroits.

Mieux vaut laisser la corydale jaune se multiplier toute seule par semis que vous pouvez ensuite déplacer.

# CRAMBE DU CAUCASE

< *Crambe cordifolia*

Ce joli monstre produit de gigantesques feuilles vertes ondulées, parfois lobées, en forme de cœur, puis, à partir du début de l'été, de hautes tiges florales couvertes de petites fleurs blanc crème, comme un souffle de bébé (*Gypsophila paniculata*) géant. Il fait un excellent rideau de végétation, laissant voir le reste du jardin comme à travers un voile blanc… et un voile suavement parfumé, de surcroît. Après la floraison, il retourne à un « modeste » 1,2 m x 1,2 m grâce à sa rosette de grosses feuilles vertes comme celles de la rhubarbe.

Il préfère le plein soleil et les sols riches et humides. Même si ses tiges florales ne sont pas parfaitement droites, il n'est pas vraiment nécessaire de les tuteurer. L'énorme nuage de fleurs n'a pas besoin d'être rigidement dressé pour être attrayant.

Multiplication par semences ou par bouturage de racines (enfoncez une bêche dans le sol près du plant pour sectionner quelques racines).

Photo: Jeffries Nurseries

### CROIX-DE-MALTE, CROIX-DE-JÉRUSALEM

Nom botanique : *Lychnis chalcedonica*

Famille : Caryophyllacées

Hauteur : 60 à 90 cm

Largeur : 45 cm

Exposition : soleil

Sol : bien drainé

Floraison : milieu de l'été

Zone de rusticité : 3

Photo: www.jardinierparesseux.com

### DARMÉRA, PLANTE OMBRELLE

Nom botanique : *Darmera peltata*

Famille : Saxifragacées

Hauteur (feuillage) : 90 à 150 cm

Hauteur (floraison) : 50 à 90 cm

Largeur : 60 à 80 cm

Exposition : soleil, mi-ombre

Sol : riche, humide à détrempé

Floraison : fin du printemps

Zone de rusticité : 4

# CROIX-DE-MALTE

< *Lychnis chalcedonica*

Cette vivace très ancienne (on dit qu'elle a été rapportée des Croisades) fut autrefois de tous les aménagements, mais elle est moins connue de nos jours. Pourtant, ce classique de la plate-bande à l'anglaise est de culture très facile.

Il s'agit d'une vivace produisant des touffes dressées de feuilles vertes poilues opposées coiffées d'un bouquet de fleurs écarlate vif (roses ou blanches chez certains cultivars). Chaque pétale est profondément échancré, exactement comme une croix de Malte (mais pas du tout comme une croix de Jérusalem, un nom qui se serait imposé récemment par suite d'une confusion). Malgré ces références religieuses, notre « croix » a en fait cinq sections et non pas quatre.

Cette vivace de culture très facile se plaît au soleil dans tout sol bien drainé, même pauvre. Elle se ressème spontanément… un peu trop parfois. Utilisez du paillis pour la contenir. On peut aussi la multiplier par division.

# DARMÉRA

< *Darmera peltata*

Curieuse plante à deux temps. Au printemps, une tige florale rugueuse rougeâtre sort très tôt, pendant que le feuillage dort encore. Elle s'éclate en plusieurs dizaines de petites fleurs blanches ou roses aux étamines proéminentes. Les feuilles sortent bientôt et, comme leur pétiole est plus haut que la tige florale, finissent par la cacher. Les feuilles sont énormes, rondes, luisantes et fortement dentées, mesurant jusqu'à 60 cm de diamètre si le sol est bien humide. Elles persistent tout l'été pour rougir joliment à l'automne et constituent le vrai attrait de la plante.

Cette plante est essentiellement semi-aquatique et est à son plus beau dans un marécage ou près d'un jardin d'eau. Elle poussera quand même dans un sol ordinairement humide, mais ses feuilles seront plus petites. Un paillis est toujours recommandé. De plus, le sol devrait être riche en matière organique.

Il est difficile de diviser cette plante sans la dynamiter, mais on peut la reproduire par semences.

Photo: www.jardinierparesseux.com

DÉSESPOIR DU PEINTRE, SAXIFRAGE DÉSESPOIR
DU PEINTRE

Nom botanique : *Saxifraga* 'Aureopunctata', syn.
   *S. umbrosa* 'Aureopunctata', *S. x urbium* 'Aureopunctata'

Famille : Saxifragacées

Hauteur : 45 cm

Largeur : 30 cm

Exposition : soleil, mi-ombre, ombre

Sol : humide, riche, bien drainé

Floraison : fin du printemps, début de l'été

Zone de rusticité : 2

Photo: www.jardinierparesseux.com

DIGITALE À GRANDES FLEURS, DIGITALE VIVACE

Nom botanique : *Digitalis grandiflora*

Famille : Scrophulariacées

Hauteur : 60 à 100 cm

Largeur : 30 à 45 cm

Exposition : soleil, mi-ombre

Sol : riche, bien drainé, humide

Floraison : début de l'été

Zone de rusticité : 2

# DÉSESPOIR DU PEINTRE

< *Saxifraga* 'Aureopunctata'

Avec un sobriquet semblable, comment ne pas aimer cette plante, cette classique des rocailles ombragées ? Le désespoir du peintre tient son nom commun de son feuillage vert luisant, picoté çà et là de taches jaunes comme s'il avait été éclaboussé de peinture par un peintre maladroit. Même sans taches, la plante serait jolie, car les feuilles presque rondes, à marge crénelée, sont assemblées en mini-rosettes tassées les unes sur les autres pour faire un joli tapis dense qui ne laisse passer aucune mauvaise herbe. Les fleurs, des petites étoiles blanches aux étamines roses, portées bien au-dessus du feuillage sur de minces tiges, forment un joli petit rideau translucide.

C'est une des saxifrages les plus faciles à cultiver, moins dépendante d'un sol alcalin que les autres et plus adaptée à l'ombre. L'emplacement idéal est à la mi-ombre, dans un sol riche et humide. Excellente en couvre-sol, en muret ou en rocaille.

Multiplication par division.

# DIGITALE À GRANDES FLEURS

< *Digitalis grandiflora*

La digitale la plus connue est la digitale pourpre (*Digitalis purpurea*), mais c'est une bisannuelle, pas une vivace. Il existe par contre plusieurs espèces vivaces de digitales, dont la plus connue est la digitale à grandes fleurs (*D. grandiflora*).

C'est une plante aux tiges dressées portant des feuilles étroites vert foncé et lustrées, et, au sommet, un épi de fleurs pendantes en trompette, tachetées de brun à l'intérieur, un effet des plus gracieux. C'est une excellente fleur coupée, et souvent la plante refleurit à la fin de l'été si on a prélevé sa première floraison.

Cultivez-la au soleil ou à la mi-ombre dans un sol riche et bien drainé. Elle préfère une certaine humidité en tout temps et sera alors très à l'aise avec un paillis.

On la multiplie par division ou par semis. Souvent elle se ressème spontanément ; vous n'avez alors qu'à prélever les plants produits et à les transplanter ailleurs.

Photo: Jeffries Nurseries

## DORONIC HYBRIDE

**Nom botanique :** *Doronicum* x
**Famille :** Astéracées
**Hauteur :** 40 à 75 cm
**Largeur :** 30 à 45 cm
**Exposition :** soleil, mi-ombre
**Sol :** riche, bien drainé, humide
**Floraison :** milieu à fin du printemps
**Zone de rusticité :** 3

Photo : www.jardinierparesseux.com

## ÉCHINACÉE HYBRIDE

**Nom botanique :** *Echinacea* x
**Famille :** Astéracées
**Hauteur :** 40 à 120 cm
**Largeur :** 60 cm
**Exposition :** soleil, mi-ombre
**Sol :** bien drainé
**Floraison :** milieu de l'été à milieu de l'automne
**Zone de rusticité :** 3

# DORONIC HYBRIDE

< *Doronicum* x 'Little Leo'

Curieusement, le doronic est peu connu en Amérique alors qu'il est abondamment utilisé en Europe, et ce n'est pas parce qu'il est difficile à cultiver, bien au contraire. Je crois que le problème vient du fait qu'il fleurit très tôt (c'est la première « marguerite » à fleurir) et qu'il a donc fini de fleurir quand vient le moment de le mettre en vente.

Le genre est connu pour ses marguerites jaunes. Le feuillage est très joli et très original : vert foncé, cordiforme et denté, formant une jolie rosette.

Il lui faut un emplacement ensoleillé ou mi-ombragé dans un sol riche en matière organique et un peu à très humide. D'ailleurs, dans un sol trop sec, il entre en dormance estivale et perd son joli feuillage jusqu'au printemps suivant, un état regrettable. On peut notamment le planter dans un marécage ou en bordure d'un jardin d'eau, ou utiliser un paillis.

Multiplication par division et par semis pour certains cultivars.

# ÉCHINACÉE HYBRIDE

< *Echinacea* x 'Art's Pride' Orange Meadowbrite

L'échinacée pourpre (voir la fiche suivante) n'a plus le quasi-monopole dans le monde des échinacées. Depuis quelques années, les pépiniéristes ont croisé *Echinacea purpurea* avec la seule espèce ayant des fleurs jaunes, *E. paradoxa*. Les résultats sont surprenants : des fleurs en forme de marguerite avec le même disque bombé et piquant que chez l'échinacée pourpre, mais avec des rayons jaunes, orange, rouge brique ou d'autres teintes. Certains cultivars sont même parfumés ! Les rayons sont parfois étroits et pendants, comme chez *E. paradoxa*. Les échinacées hybrides sont de culture facile, adaptées au plein soleil (ou à la mi-ombre, où elles fleurissent toutefois moins abondamment) et aux sols bien drainés, riches comme pauvres.

La multiplication de ces échinacées se fait seulement par division : la plupart sont stériles ou ne sont pas fidèles au type par semences.

**Attention :** plante vulnérable aux scarabées japonais là où ils sont présents !

Photo : www.jardinierparesseux.com

ÉCHINACÉE POURPRE, RUDBECKIE POURPRE

Nom botanique : *Echinacea purpurea*
Famille : Astéracées
Hauteur : 40 à 120 cm
Largeur : 60 cm
Exposition : soleil, mi-ombre
Sol : bien drainé
Floraison : milieu de l'été à milieu de l'automne
Zone de rusticité : 3

Photo : www.jardinierparesseux.com

ÉPHÉMÉRINE DE VIRGINIE, ÉPHÉMÈRE DE VIRGINIE

Nom botanique : *Tradescantia* x *andersoniana*,
    syn. *Tradescantia virginiana*
Famille : Commélinacées
Hauteur : 45 à 75 cm
Largeur : 60 à 90 cm
Exposition : soleil, mi-ombre
Sol : humide, riche en matière organique
Floraison : début à fin de l'été
Zone de rusticité : 4

# ÉCHINACÉE POURPRE

< *Echinacea purpurea* 'Razzmatazz'

Cette populaire vivace produit une rosette de feuilles larges, longues, vert foncé et légèrement hirsutes, mais son intérêt n'est pas là, plutôt plus haut. En effet, ses grandes inflorescences, comme des marguerites à disque central bombé et piquant (*Echinacea* fait référence à un hérisson), vert à orangé et entouré de rayons rose pourpré ou blancs, sont spectaculaires, nombreuses et durent très longtemps. L'hiver, si on ne les supprime pas, elles créent un bel effet sous la neige et attirent les oiseaux granivores.

Il existe maintenant des cultivars à fleurs doubles et semi-doubles.

La preuve que c'est une plante de culture facile, on la voit partout ! Elle s'adapte à tous les sols bien drainés, même pauvres et secs, mais elle aime bien les sols enrichis de nos jardins et, contrairement à certaines plantes habituées aux sols pauvres, ne s'étiole pas dans un sol riche. Elle préfère le plein soleil mais tolère la mi-ombre.

Multiplication par division ou par semences.

**Attention** : plante vulnérable aux scarabées japonais là où ils sont présents !

# ÉPHÉMÉRINE DE VIRGINIE

< *Tradescantia* x *andersoniana*

L'éphémérine passe pour une graminée tant qu'elle n'a pas encore fleuri à cause de ses feuilles rubanées arquées, mais aucune graminée n'a des fleurs aussi voyantes ! Les fleurs à trois pétales ne durent qu'une seule journée, mais sont produites à répétition pendant tout l'été. Elles peuvent être bleues, violettes, roses, rouges, blanches ou bicolores.

L'éphémérine s'accommode des conditions normales de jardin, soit le plein soleil ou la mi-ombre, et un sol riche ou ordinaire, humide ou assez sec. Elle s'élargit avec le temps et il peut être nécessaire de la diviser pour contenir un peu sa croissance. Il est également possible de l'entourer de plantes solides qui l'empêcheront de prendre de l'expansion. Si la plante s'affaisse en plein été (un problème avec les vieux cultivars), rabattez-la à 2 cm du sol et elle repoussera rapidement pour poursuivre sa floraison le reste de l'été. Remplacez-la l'année suivante par un cultivar qui ne s'effondre pas.

Multiplication par division.

Photo : Jeffries Nurseries

ÉPIMÈDE ROUGE, FLEUR DES ELFES

Nom botanique : *Epimedium* x *rubrum*
Famille : Berbéridacées
Hauteur : 20 à 30 cm
Largeur : 30 cm
Exposition : soleil, mi-ombre, ombre
Sol : riche, humide, bien drainé
Floraison : fin du printemps
Zone de rusticité : 4

Photo : www.jardinierparesseux.com

ÉRIGÉRON, VERGERETTE

Nom botanique : *Erigeron* x
Famille : Astéracées
Hauteur : 25 à 60 cm
Largeur : 30 à 60 cm
Exposition : soleil
Sol : bien drainé, fertilité moyenne
Floraison : tout l'été
Zone de rusticité : 2

# ÉPIMÈDE ROUGE

<    *Epimedium* x *rubrum*

Dans ma boule de cristal, je vois le jour où les épimèdes détrôneront les hostas comme rois de l'ombre. Après tout, ils sont beaux en toute saison alors que les hostas passent six mois en dormance, et leurs fleurs sont sacrément plus jolies.

Le meilleur épimède est probablement l'épimède rouge (*Epimedium* x *rubrum*). Son feuillage divisé en six folioles est très persistant ; il est de couleur rouge pourpré aux nervures vert tendre au printemps, puis vert moyen luisant l'été pour reprendre une teinte rougeâtre à l'automne. Les fleurs retombantes sont blanc crème à jaune pâle et rouge rosé avec de longs éperons, faisant penser à des fleurs d'ancolie.

L'épimède rouge semble indifférent à l'éclairage, poussant aussi bien à l'ombre qu'au soleil. Côté sol, il préfère une terre riche et humide, mais bien drainée. Toutefois, il est étonnamment résistant aux sols secs et envahis de racines, où il pousse très lentement mais sûrement.

On le multiplie par division.

# ÉRIGÉRON

<    *Erigeron* 'Merstham Glory'

Il existe de nombreuses espèces d'érigéron, mais celui des jardins est d'origine hybride. Il ressemble beaucoup à un aster, mais il en diffère par sa floraison plus hâtive. Ses fleurs se composent d'un disque jaune entouré de rayons filiformes très nombreux placés en rangées multiples. La gamme des couleurs comprend toutes les teintes de violet, ainsi que le blanc et le rose. Les fleurs sont produites en masse et presque tout l'été au sommet de tiges dressées.

L'érigéron est une plante de plein soleil qui s'adapte aux sols de plate-bande ordinaires et n'exige aucun traitement particulier. Les vieux cultivars tendent à s'effondrer dans les sols trop riches en azote, un problème moindre avec les hybrides modernes. Il souffre un peu du blanc en fin de saison, mais ce sont ses feuilles inférieures qui en sont atteintes et on peut facilement les cacher derrière d'autres plantes.

On le multiplie par division et par bouturage de tige.

Photo : www.jardinierparesseux.com

EUPATOIRE MACULÉE 'ATROPURPUREA'

Nom botanique : *Eupatorium purpureum maculatum*
    'Atropurpureum', syn. *Eupatorium maculatum*
    'Atropurpureum', maintenant *Eupatoriadelphus*
    *purpureum maculatum* 'Atropurpureum'

Famille : Astéracées

Hauteur : 1,5 à 2 m

Largeur : 1 à 1,5 m

Exposition : soleil, mi-ombre

Sol : humide

Floraison : milieu de l'été, automne

Zone de rusticité : 2

Photo : www.jardinierparesseux.com

EUPATOIRE RUGUEUSE 'CHOCOLATE',
EUPATOIRE BLANCHE 'CHOCOLATE'

Nom botanique : *Eupatorium rugosum* 'Chocolate',
    *Ageratina altissima* 'Chocolate'

Famille : Astéracées

Hauteur : 90 à 150 cm

Largeur : 60 à 90 cm

Exposition : soleil, mi-ombre

Sol : humide à très humide, bien drainé

Floraison : début de l'automne

Zone de rusticité : 4

# EUPATOIRE MACULÉE 'ATROPURPUREA'

< *Eupatorium purpureum maculatum* 'Atropurpureum'

C'est une vivace gigantesque aux allures d'arbuste au port évasé arrondi avec des tiges pourpres, une couleur qui se diffuse dans le feuillage via les nervures. Les feuilles rugueuses sont arrangées en verticille autour de la tige par groupes de quatre à cinq, ce qui crée un très bel effet. À la fin de l'été, chaque tige de la plante se coiffe d'une énorme inflorescence en dôme aux boutons rose pourpre et aux fleurs plumeuses de presque la même couleur. Les fleurs sont comme des aimants pour les papillons.

Cette plante des marécages s'adapte sans problème aux sols glaiseux, organiques et mêmes sablonneux pour autant qu'ils soient humides en tout temps. Pour aider, employez un paillis. L'eupatoire maculée pousse bien au plein soleil comme à la mi-ombre.

On la multiplie par division (une hache peut être nécessaire) ou par bouturage de tige.

Cette plante est maintenant appelée plus correctement *Eupatoriadelphus purpureum maculatum* 'Atropurpureum'.

# EUPATOIRE RUGUEUSE 'CHOCOLATE'

< *Eupatorium rugosum* 'Chocolate'

Nouveauté relative, l'eupatoire rugueuse 'Chocolate' est surtout cultivée pour son feuillage si foncé. En effet, les tiges sont pourpre foncé, alors que les nouvelles feuilles ovales dentées sont d'un brun riche rappelant le chocolat. Par contre les feuilles pâlissent en mûrissant, et sont, à maturité plutôt vert foncé avec les nervures et l'envers pourpres. La floraison est très tardive, en septembre ou même plus tard, sous forme d'ombelles de fleurs duveteuses blanches. Malheureusement, à cette date, le feuillage a perdu presque toute teinte chocolat : comme les fleurs seraient mises en valeur si le feuillage était encore brun !

C'est une plante qui préfère les sols humides, même très humides, mais quand même bien drainés. Un paillis serait utile pour maintenir la bonne humidité. Elle pousse également bien au soleil et à la mi-ombre.

On la multiplie surtout par bouturage de tige. Les graines ne sont pas fidèles au type.

Photo: Jeffries Nurseries

EUPHORBE À FEUILLES DE MYRTE,
EUPHORBE FAUX-MYRTE

Nom botanique : *Euphorbia myrsinites*

Famille : Euphorbiacées

Hauteur : 25 à 30 cm

Largeur : 30 à 60 cm

Exposition : soleil, mi-ombre

Sol : bien drainé, ordinaire, sec

Floraison : fin du printemps

Zone de rusticité : 4

Photo: www.jardinierparesseux.com

EUPHORBE COUSSIN, EUPHORBE POLYCHROME

Nom botanique : *Euphorbia polychroma*,
   syn. *E. epithymoides*

Famille : Euphorbiacées

Hauteur : 30 cm

Largeur : 45 cm

Exposition : soleil, mi-ombre

Sol : bien drainé

Floraison : fin du printemps, début de l'été

Zone de rusticité : 3

# EUPHORBE À FEUILLES DE MYRTE

*< Euphorbia myrsinites*

Les euphorbes rustiques sont souvent très envahissantes… mais il y a des exceptions, comme l'euphorbe à feuilles de myrte. Avec ses feuilles épaisses bleu-gris en forme d'écailles et son port prostré, on dirait presque la queue d'un dragon ! Même si on admet que c'est un végétal, on a de la difficulté à croire qu'on puisse la cultiver sous notre climat. Pourtant cette plante se maintient facilement chez nous. Les feuilles de l'extrémité de la tige deviennent chartreuse juste avant la floraison printanière, puis s'éclatent en petites fleurs de la même couleur. Les belles « queues de dragon » persistent même l'hiver.

Il lui faut un emplacement bien drainé dans un sol pas trop riche, de préférence au plein soleil. C'est une plante très résistante à la sécheresse.

On la multiplie par bouturage de tige ou en transplantant les semis qui apparaissent çà et là.

Attention : la sève laiteuse est légèrement toxique !

# EUPHORBE COUSSIN

*< Euphorbia polychroma*

Comme son nom commun le dit, cette plante forme un parfait petit coussin très fourni. Les petites feuilles en forme de cuiller sont vert-bleu pâle, puis celles de l'extrémité de la tige deviennent jaune chartreuse, une couleur particulièrement vive, lors de la floraison pour mettre en valeur les petites fleurs de la même couleur. Ensuite, elle retourne à sa forme d'origine de dôme parfait. À l'automne, les feuilles inférieures tombent, donnant un effet de petit arbuste. Il existe aussi des formes panachées et à feuillage pourpré.

C'est une plante de culture facile qui pousse dans presque tous les sols bien drainés, riches ou pauvres, humides ou secs, et au soleil ou à la mi-ombre.

On la multiplie par division ou par bouturage de tige. Souvent elle se ressème spontanément.

Attention à sa sève laiteuse qui est irritante (surtout ne frottez pas vos yeux après avoir planté cette euphorbe) et même légèrement toxique !

FILIPENDULE ROUGE, REINE DES PRAIRIES

Nom botanique : *Filipendula rubra* 'Venusta'

Famille : Rosacées

Hauteur : 120 à 180 cm

Largeur : 60 à 120 cm, même plus

Exposition : soleil, mi-ombre

Sol : bien drainé, humide, riche

Floraison : début à milieu de l'été

Zone de rusticité : 3

FRAISIER INTERGÉNÉRIQUE, FRAISIER DÉCORATIF

Nom botanique : X *Fragaria* 'Frel', 'Lipstick' et autres

Famille : Rosacées

Hauteur : 20 cm

Largeur : 30 cm

Exposition : soleil, mi-ombre

Sol : bien drainé, humide, riche

Floraison : tout l'été

Zone de rusticité : 4

# FILIPENDULE ROUGE

< *Filipendula rubra* 'Venusta'

Cette grande vivace a un port d'arbuste, avec des tiges rouges semi-ligneuses qui résistent aux pires vents. Les feuilles rugueuses sont pennées à la base, palmées vers le haut. Elles sont déjà très attrayantes, mais on les oublie complètement quand la plante se met à fleurir. Les petites fleurs rose vif aux étamines proéminentes sont regroupées en énormes panicules plumeuses, comme un astilbe géant. L'espèce, *F. rubra*, aux fleurs rose plus pâle, est encore plus haute (jusqu'à 2,5 m).

C'est une plante très vigoureuse, même envahissante. Vaut mieux soit la planter à l'intérieur d'une barrière enfoncée dans le sol, soit lui accorder beaucoup d'espace. Elle s'adapte bien aux conditions normales de plate-bande : soleil ou mi-ombre, sol riche et plutôt humide. Elle peut tolérer aussi les sols pauvres et les sols d'humidité moindre s'il le faut, comme elle peut s'adapter aux sols très humides.

Multiplication par division. Ayez votre hache sous la main !

# FRAISIER INTERGÉNÉRIQUE

< X *Fragaria* 'Frel' (Pink Panda[MD])

Ces fraisiers ornementaux, comme 'Lipstick', 'Frel' (Pink Panda[MD]), 'Franor' (Red Ruby[MD]) et 'Gerald Straley', ne sont pas de véritables fraisiers. Ce sont des hybrides intergénériques (entre deux genres) d'un fraisier (*Fragaria*) et d'une potentille vivace (*Potentilla palustris*). Ils ressemblent à des fraisiers, avec la même rosette de feuilles trifoliées aux longs pétioles, les mêmes stolons coureurs, les mêmes fleurs à cinq pétales, les mêmes fruits rouges sucrés, mais… avez-vous déjà vu un fraisier aux fleurs autrement que blanches ? C'est leur couleur rose et rouge qui vient des potentilles.

Les fraisiers intergénériques fleurissent abondamment au début de l'été et sporadiquement par la suite. Leurs fruits rouges sont délicieux mais peu abondants.

Cultivez-les au soleil ou à la mi-ombre dans un sol riche et humide. Avec leurs longs stolons, ils sont plutôt vagabonds, sans toutefois être envahissants : les bébés se déplacent çà et là sans trop déranger.

On multiplie le fraisier intergénérique en prélevant les bébés enracinés.

Photo : Jeffries Nurseries

FRAXINELLE

Nom botanique : *Dictamnus albus*
Famille : Rutacées
Hauteur : 60 à 90 cm
Largeur : 90 cm
Exposition : soleil, mi-ombre
Sol : bien drainé, moyennement riche
Floraison : début de l'été
Zone de rusticité : 3

Photo : www.jardinierparesseux.com

GAILLARDE, GAILLARDE VIVACE, GAILLARDE HYBRIDE

Nom botanique : *Gaillardia* x *grandiflora*
Famille : Astéracées
Hauteur : 15 à 90 cm
Largeur : 45 à 60 cm
Exposition : soleil
Sol : très bien drainé
Floraison : début de l'été jusqu'aux gels
Zone de rusticité : 3

# FRAXINELLE

< *Dictamnus albus purpureus*

La fraxinelle est sûrement l'une des vivaces les plus lentes à se développer mais aussi les plus permanentes de nos jardins. À partir d'un plant en pot, il faut attendre trois à quatre ans avant de voir la première fleur et peut-être sept à dix avant qu'il atteigne sa pleine grosseur. Par contre, durant les 75 ans et plus qui suivront, le spectacle sera toujours égal d'année en année.

Cette vivace a des allures d'arbuste, avec ses tiges solides presque ligneuses et son feuillage composé. Les fleurs sont portées en épi au sommet de la plante et ressemblent à des orchidées. Elles sont blanches (rose pâle aux nervures pourpres pour *D. albus purpureus*) et, de même que le feuillage, sont parfumées à la fleur d'oranger.

**Attention** : certaines personnes peuvent souffrir d'une réaction cutanée si elles vont au soleil avec de la sève sur leur peau !

Oubliez la multiplication : si vous en avez besoin d'autres, achetez-les !

# GAILLARDE

< *Gaillardia* x *grandiflora*

Les gaillardes sont parmi les vivaces les plus florifères. Du début de l'été jusqu'aux gels, elles ne sont presque jamais sans fleurs. La plante forme une rosette basse de feuilles vert moyen aux dents grossières, un peu comme un pissenlit un peu duveteux. Les inflorescences sont composées d'un disque central bombé généralement rouge et de rayons habituellement bicolores, rouges à pointe jaune. Il existe toutefois des gaillardes jaunes, orange, rouges et même rose pêche. La hauteur varie selon les cultivars, qui sont nombreux.

Les gaillardes se contentent de presque tous les sols, pour autant qu'ils se drainent bien. Le plein soleil est obligatoire pour une floraison abondante. Elles sont de courte vie (trois à cinq ans), mais se multiplient facilement par division, par bouturage de racine ou par semences (pour les variétés qui sont fidèles au type par semences).

Parfois la plante est atteinte de phyllodie, une maladie qui donne des fleurs entièrement vertes. Détruisez les plantes infestées.

Photo : www.jardinierparesseux.com

GALANE OBLIQUE, CHÉLONE OBLIQUE

Nom botanique : *Chelone obliqua*

Famille : Scrophulariacées

Hauteur : 60 à 90 cm

Largeur : 60 cm

Exposition : soleil, mi-ombre, ombre

Sol : riche, humide à très humide

Floraison : fin de l'été à l'automne

Zone de rusticité : 3

Photo : www.jardinierparesseux.com

GAZON D'ESPAGNE, ARMÉRIE MARITIME, ŒILLET DE MER

Nom botanique : *Armeria maritima*

Famille : Plumbaginacées

Hauteur : 15 à 20 cm

Largeur : 30 cm

Exposition : soleil

Sol : bien drainé

Floraison : fin du printemps, début de l'été

Zone de rusticité : 3

# GALANE OBLIQUE

< *Chelone obliqua*

Il est triste que nous n'appréciions pas plus nos fleurs indigènes, car certaines sont très belles. La galane oblique, en premier lieu, mériterait d'être en vedette dans toutes les plates-bandes.

C'est une plante formant une touffe de tiges très rigidement dressées, sans ramification, et portant de grandes feuilles lancéolées légèrement dentées et vert très foncé. Durant l'été, elle fait tout simplement office de plante verte, mais quand elle se met à fleurir à la toute fin de l'été, wow ! De superbes fleurs rose vif se forment en épis denses au sommet des tiges. Les fleurs sont essentiellement tubulaires, mais elles ont une forme très curieuse que d'aucuns comparent à une tête de tortue, d'où le nom grec *Chelone*, pour tortue.

Cultivez la galane oblique au soleil ou à l'ombre dans un sol toujours un peu humide et même détrempé. Elle préfère un sol riche en matière organique.

On peut la multiplier par bouturage de tige, par division ou par semences.

# GAZON D'ESPAGNE

< *Armeria maritima*

Cette jolie petite vivace forme un dôme aplati de feuilles vert foncé très étroites, d'où le nom « gazon d'Espagne ». On la cultive surtout cependant pour ses fleurs portées dans un bouquet globulaire à l'extrémité d'une courte tige dressée. Les fleurs peuvent être roses, rouges, pourprées ou blanches. De loin, elles ressemblent aux fleurs de la ciboulette (*Allium schoenoprasum*).

C'est une plante de culture facile qui s'adapte à toutes les situations pourvu qu'il y ait du soleil et que le sol soit bien drainé. Le dernier mot est la clé : le gazon d'Espagne ne poussera pas dans un sol détrempé. Ne coupez surtout pas les feuilles persistantes à l'automne. On l'utilise surtout en bordure, en rocaille et en contenant, et il est superbe sur un muret ou dans les interstices d'une roche.

On multiplie cette plante par division ou par semences. Les cultivars, dont il existe des dizaines, ne sont toutefois pas fidèles au type par semences.

Photo: Jeffries Nurseries

GÉRANIUM LIVIDE, GÉRANIUM À FLEURS NOIRES

Nom botanique : *Geranium phaeum*
Famille : Géraniacées
Hauteur : 45 à 60 cm
Largeur : 60 cm
Exposition : ombre, mi-ombre
Sol : humide
Floraison : début de l'été
Zone de rusticité : 4

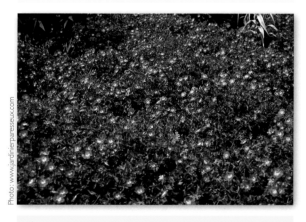

Photo : www.jardinierparesseux.com

GÉRANIUM 'ROZANNE'

Nom botanique : *Geranium* 'Rozanne'
Famille : Géraniacées
Hauteur : 50 cm
Largeur : 60 cm
Exposition : soleil, mi-ombre
Sol : bien drainé
Floraison : début de l'été à fin de l'automne
Zone de rusticité : 3

# GÉRANIUM LIVIDE

< *Geranium phaeum*

Il faut savoir distinguer entre les « géraniums » de nos boîtes à fleurs, qui sont des *Pelargonium* d'Afrique du Sud et nullement rustiques, et les vrais géraniums (*Geranium*), qui sont pour la plupart rustiques. Il en existe plus de 250 espèces et plus de 1 000 cultivars, mais faute de place, je ne peux que vous en présenter quelques-uns, dont le géranium livide (*G. phaeum*).

Il s'agit d'une vivace d'allure frêle mais d'une constitution de fer, portant des feuilles en forme de feuille d'érable et de minces tiges feuillues se terminant en petits bouquets de fleurs penchées. Elles surprennent par leur couleur, un pourpre foncé presque noir au centre blanc. Il existe aussi des cultivars à fleurs blanches ou mauves et à feuillage panaché.

C'est une vivace de milieu ombragé, préférant un sol riche et humide, mais tolérant la sécheresse une fois établie.

On le multiplie en bouturant son gros rhizome épais ou par semences.

# GÉRANIUM 'ROZANNE'

< *Geranium* 'Rozanne'

La course au géranium à la floraison la plus longue est ouverte depuis déjà plusieurs décennies et tous les hybrideurs y travaillent, mais la gagnante de l'heure est 'Rozanne'. Ce géranium produit de belles fleurs de bonne taille durant tout l'été et l'automne, même au-delà des premiers gels. Les fleurs à cinq pétales sont d'un bleu-mauve iridescent avec un cœur presque blanc, des nervures magenta et des anthères noires. Chic ! 'Rozanne' a un port dressé au début, jusqu'à 45 cm de hauteur, puis elle s'étale, couvrant une largeur de 60 cm avant la fin de l'été. Les feuilles plus ou moins rondes à cinq lobes sont vert foncé durant l'été, rougissant à l'automne.

C'est une plante de plein soleil ou de mi-ombre qui s'adapte bien à tous les sols bien drainés, riches comme pauvres.

On le multiplie par division ou par bouturage de tige : les fleurs sont stériles et ne produisent pas de graines.

Photo : www.jardinierparesseux.com

**GÉRANIUM SANGUIN STRIÉ**

Nom botanique : *Geranium sanguineum striatum*,
   *G. sanguineum striatum* 'Lancastriense',
   *G. sanguineum striatum* 'Prostratum'

Famille : Géraniacées

Hauteur : 20 cm

Largeur : 60 à 90 cm

Exposition : soleil, mi-ombre

Sol : bien drainé

Floraison : fin du printemps à fin de l'été

Zone de rusticité : 3

Photo : www.jardinierparesseux.com

**GILLÉNIE TRIFOLIÉE**

Nom botanique : *Gillenia trifoliata*

Famille : Rosacées

Hauteur : 60 à 90 cm

Largeur : 30 à 60 cm

Exposition : soleil, mi-ombre

Sol : riche, humide, bien drainé

Floraison : début de l'été

Zone de rusticité : 4

# GÉRANIUM SANGUIN STRIÉ

< *Geranium sanguineum striatum*

Ce géranium n'est pas du dernier cru, étant cultivé depuis déjà trois siècles, mais c'est l'un des meilleurs petits géraniums couvre-sol. Il forme une rosette basse et large de feuilles très découpées, comme des petites étoiles vertes. Elles deviennent rougeâtres à l'automne. Les fleurs ressemblent à des petites coupes rose pâle à moyen rehaussées de nervures plus foncées. Elles sont produites à profusion à la fin du printemps et au début de l'été, puis sporadiquement tout l'été par la suite. Il existe d'autres magnifiques géraniums sanguins, dont 'Max Frei' (rose vif) et 'Alan Bloom' (magenta).

Donnez-lui un emplacement au soleil ou à la mi-ombre dans tout sol bien drainé, riche ou pauvre. Il préfère un sol humide mais tolère la sécheresse. Il fait un excellent couvre-sol et convient bien aux rocailles aussi.

Multiplication par division ou par semences. Il se ressèmera spontanément si vous laissez quelques espaces libres de paillis.

# GILLÉNIE TRIFOLIÉE

< *Gillenia trifoliata*

La gillénie trifoliée est une vivace au port arbustif grâce à ses tiges semi-ligneuses rougeâtres ramifiées et ses petites feuilles trifoliées qui deviennent rouge vif à l'automne. Les fleurs blanches aux pétales longs, étroits et légèrement tordus dansent au moindre vent, donnant l'impression d'une volée de papillons. Le calice (à la base de la fleur) rougit après la floraison, ajoutant une touche de couleur pour le reste de l'été.

Cette vivace forestière se sentira particulièrement à l'aise dans un sous-bois ouvert. Elle préfère la mi-ombre, mais peut tolérer le plein soleil pour autant que son sol demeure légèrement humide. On l'établira dans un sol riche et humide, mais bien drainé. Sa croissance est lente au début, mais la touffe grossit peu à peu. Au bout de 7 à 10 ans, il peut être nécessaire de la diviser.

La division est d'ailleurs la méthode de multiplication recommandée, mais on peut aussi la reproduire par semences.

Photo: Jeffries Nurseries

GRANDE MARGUERITE, MARGUERITE D'ÉTÉ,
LEUCANTHÈME

Nom botanique : *Leucanthemum* x *superbum,*
    syn. *Chrysanthemum maximum, C.* x *superbum*

Famille : Astéracées

Hauteur : 30 à 90 cm

Largeur : 30 à 60 cm

Exposition : soleil, mi-ombre

Sol : riche, bien drainé

Floraison : début à milieu de l'été (jusqu'à l'automne pour
certains cultivars)

Zone de rusticité : 3 ou 4 (selon le cultivar)

Photo: www.jardinierparesseux.com

HÉLÉNIE HYBRIDE

Nom botanique : *Helenium* x

Famille : Astéracées

Hauteur : 45 à 120 cm

Largeur : 30 à 60 cm

Exposition : soleil

Sol : frais, riche

Floraison : milieu de l'été à l'automne

Zone de rusticité : 3

# GRANDE MARGUERITE

< *Leucanthemum* x *superbum* 'Becky'

On peut considérer la grande marguerite comme
une version améliorée de la marguerite des champs
(*Leucanthemum vulgare*), donc à fleurs plus grosses et
plus durables. Sa forme est pratiquement identique :
un disque central jaune entouré de rayons blanc
pur… mais que de variété cela permet ! Il existe
ainsi des dizaines de cultivars de grande marguerite :
hautes, basses, à fleurs simples, semi-doubles,
doubles, à pétales frangés ou tubulaires, et même,
tout récemment, à rayons « jaunes » (jaune crème).
Les feuilles sont toujours les mêmes : entières, vert
foncé, lancéolées et dentées, longues à la base de
la plante et courtes sur la tige florale. Recherchez
spécialement des cultivars à floraison plus durable et
à bonne rusticité (zone 3), comme 'Becky', 'Agalaia',
'Marconi' et 'Sedgewick'.

La grande marguerite se plaît au soleil ou à la mi-
ombre dans tout sol bien drainé, de préférence plutôt
riche. On la multiplie par division.

# HÉLÉNIE HYBRIDE

< *Helenium* x 'Moerheim Beauty'

Les belles hélénies, ainsi nommées en l'honneur de la
légendaire Hélène de Troie, sont des plantes dressées
aux feuilles lancéolées et aux tiges ailées. Le groupe
hybride est largement basé sur notre hélénie indigène,
l'hélénie automnale (*Helenium autumnale*), mais les
croisements ont donné des plantes plus compactes et
surtout plus hâtives. Ainsi, leur floraison déborde sur
l'automne, mais, chez la majorité des hybrides, elle est
surtout estivale. Les fleurs sont petites mais nombreuses,
formées d'un disque jaune en forme de boule entouré
de rayons courts habituellement découpés à l'extrémité.
Les couleurs vont de jaune à orange et à acajou. Il existe
plus de 75 cultivars : à vous de choisir !

Les hélénies sont des plantes de plein soleil. Elles
apprécient les sols frais et humides, riches en matière
organique, mais elles tolèrent des sols plus ordinaires.
Paillez pour éviter la sécheresse.

Seulement quelques lignées produites par semences
sont fidèles au type. On les multiplie donc par division.

Photo: www.jardinierparesseux.com

HÉLIANTHE À BELLES FLEURS 'LEMON QUEEN', SOLEIL VIVACE 'LEMON QUEEN', TOURNESOL À BELLES FLEURS 'LEMON QUEEN'

Nom botanique : *Helianthus* x *laetiflorus* 'Lemon Queen', syn. *H.* 'Lemon Queen'

Famille : Astéracées

Hauteur : 1,5 à 2 m

Largeur : 90 à 120 cm

Exposition : soleil

Sol : bien drainé, ordinaire

Floraison : fin de l'été, automne

Zone de rusticité : 4

Photo: Jacques Allard

HÉLIANTHE MULTIFLORE DOUBLE, HÉLIANTHE À DIX RAYONS DOUBLE, TOURNESOL VIVACE DOUBLE

Nom botanique : *Helianthus* x *multiflorus* 'Loddon Gold', syn. *H. decapetalus* 'Loddon Gold', 'Maximus Flore Pleno', 'Flore-Pleno', etc.

Famille : Astéracées

Hauteur : 120 à 150 cm

Largeur : 60 à 90 cm

Exposition : soleil

Sol : ordinaire, bien drainé

Floraison : fin de l'été jusqu'aux gels

Zone de rusticité : 3

# HÉLIANTHE À BELLES FLEURS 'LEMON QUEEN'

< *Helianthus* x *laetiflorus* 'Lemon Queen'

Avec l'intérêt croissant pour les vivaces à floraison automnale, cette vivace, qui est loin d'être une nouveauté, redevient de plus en plus populaire. Il s'agit d'un grand tournesol vivace qui pousse en touffe dense de tiges rigidement dressées. Les feuilles entières sont légèrement rêches au toucher et plutôt petites pour un tournesol. Les fleurs sont petites (du moins pour un tournesol), ne mesurant que 5 cm de diamètre, mais elles sont produites en quantités phénoménales. Elles imitent le soleil avec leur disque et leurs rayons jaune citron, une couleur inhabituelle dans le genre.

Cultivez l'hélianthe vivace 'Lemon Queen' au soleil dans tout sol bien drainé, même pauvre. Il tolère bien la sécheresse une fois qu'il est bien établi. Les touffes grossissent avec le temps et une division s'impose quand il commencera à se presser contre ses voisins. La multiplication, d'ailleurs, se fait uniquement par division : la plante est stérile et ne produit pas de graines.

# HÉLIANTHE MULTIFLORE DOUBLE

< *Helianthus* x *multiflorus* 'Loddon Gold'

Que de confusion à propos du nom de ce joli tournesol vivace à fleurs très doubles ! Est-ce un *Helianthus* x *multiflorus* ou un *H. decapetalus*… ou autre chose encore ? 'Loddon Gold', 'Maximus Flore Pleno' et 'Flore-Pleno' sont-ils la même plante ou y a-t-il de petites différences ? Je ne le sais pas et, dans le fond, peu importe le nom de l'espèce, peu importe s'il y a un seul cultivar ou deux ou trois très semblables, c'est une excellente plante qui mérite d'être plus connue.

Notre plante est une grande vivace aux tiges multiples et à feuilles vert foncé produisant à la fin de l'été et à l'automne de superbes fleurs doubles jaune franc rappelant un dahlia.

Cultivez-le au soleil dans tout sol de jardin bien drainé ordinaire à pauvre. Évitez les sols trop riches qui provoquent une croissance trop haute nécessitant un tuteur.

On multiplie cette plante aux fleurs stériles uniquement par division.

Photo: Jeffries Nurseries

HÉLIOPSIDE FAUX HÉLIANTHE, HÉLIOPSIDE TOURNESOL

Nom botanique : *Heliopsis helianthoides*

Famille : Astéracées

Hauteur : 75 à 180 cm

Largeur : 30 à 90 cm

Exposition : soleil

Sol : ordinaire, bien drainé

Floraison : milieu de l'été à l'automne

Zone de rusticité : 3

Photo: www.jardinierparesseux.com

HELLÉBORE HYBRIDE, ROSE DE NOËL HYBRIDE

Nom botanique : *Helleborus* x

Famille : Renonculacées

Hauteur : 20 à 35 cm

Largeur : 30 à 60 cm

Exposition : mi-ombre, ombre

Sol : bien drainé, riche, humide

Floraison : début du printemps à début de l'été

Zone de rusticité : 4

# HÉLIOPSIDE FAUX HÉLIANTHE

< *Heliopsis helianthoides* 'Spitzentanzerin'

Cette grande plante des Prairies ressemble beaucoup au tournesol, d'où l'épithète *helianthoides*, comme un tournesol. Ses tiges dressées produisent des feuilles vert foncé rugueuses. Les inflorescences terminales se succèdent jusqu'à 12 semaines. Les fleurs ont un disque central bombé jaune-brun entouré d'une rangée de rayons jaune vif ; chez les fleurs semi-doubles ou doubles, le disque n'est pas toujours visible.

Parmi une foule de cultivars qui diffèrent seulement dans le nombre de rayons et la hauteur, il y a *H. helianthoides* 'Loraine Sunshine' (75 cm, fleurs simples) qui fait figure d'exception avec ses feuilles crème striées de nervures vertes.

Sa culture est des plus faciles : du soleil et un sol bien drainé. Il tolère même la sécheresse, mais préfère une humidité plus égale. Dans des conditions très humides, le feuillage est sujet au blanc en fin de saison. Placez la plante là où le feuillage ne sera pas visible et le problème sera réglé !

# HELLÉBORE HYBRIDE

< *Helleborus* x *hybridus* 'White Lady Spotted'

Les hellébores sont les vivaces les plus précoces. En Europe, il leur arrive de fleurir dès le mois de janvier (d'où le nom « rose de Noël »), mais dans nos régions, c'est plutôt avec les premiers bulbes du printemps. Comme les fleurs durent trois mois, c'est vraiment toute une floraison ! Par contre, les fleurs, en forme de coupe penchée, ne gardent pas leur couleur tout ce temps. Elle commencent blanches, roses, pourpres, etc., selon le cultivar, puis verdissent. Les feuilles persistantes sont vert très foncé et palmées. Les hellébores hybrides sont les plus faciles des hellébores à cultiver. Idéalement, on les naturalisera dans un sous-bois au sol riche, humide et bien drainé. Avec le temps, les touffes grossiront et les plantes se ressèmeront, créant des tapis multicolores.

Cette plante à croissance très lente déteste les dérangements, ce qui proscrit la division, et elle est lente à produire par semences. Si vous en voulez d'autres, achetez-les !

Photo: www.jardinierparesseux.com

## HÉMÉROCALLE, LIS D'UN JOUR

Nom botanique : *Hemerocallis*

Famille : Liliacées

Hauteur : 20 à 120 cm

Largeur : 45 cm à 1 m

Exposition : soleil, mi-ombre

Sol : tous les sols

Floraison : été (automne)

Zone de rusticité : 3

Photo: Terra Nova Nurseries

## HEUCHÈRE HYBRIDE

Nom botanique : *Heuchera* x

Famille : Saxifragacées

Hauteur (feuillage) : 15 à 23 cm

Hauteur (fleurs) : 40 à 90 cm

Largeur : 30 à 90 cm

Exposition : soleil, mi-ombre, ombre

Sol : riche et bien drainé

Floraison : début de l'été à début de l'automne

Zone de rusticité : 3

# HÉMÉROCALLE

< *Hemerocallis* 'Happy Returns'

Comme il existe plus de 50 000 cultivars d'hémérocalle, si vous voulez une collection complète, il vous faudra une vaste plate-bande ! Ce sont des vivaces classiques et faciles à reconnaître.

La plante forme des touffes de feuilles linéaires arquées, un peu comme une graminée ornementale. Les fleurs sont en forme de trompette et ne durent normalement qu'une journée (plus chez certains cultivars), mais sont produites en abondance. Elles peuvent être grosses ou petites, simples ou doubles, jaunes, orange, pourpres, blanc crème, roses, presque rouges… ou encore bicolores ou tricolores. La plupart des hémérocalles fleurissent deux ou trois semaines.

Elles sont de culture très facile, s'adaptant à presque tous les sols, tolérant autant l'humidité que la sécheresse.

On les multiplie par division.

**Attention** : plante susceptible d'être endommagée par les cerfs !

# HEUCHÈRE HYBRIDE

< *Heuchera* x 'Hollywood'

Que de choix avec les heuchères ! Cette plante des sous-bois américains est très populaire… et pourquoi pas ? Avec son feuillage persistant formant une rosette parfaite, elle est belle en tout temps. Il existe des variétés surtout cultivées pour leurs fleurs, des épis étroits rouges, roses ou blancs, habituellement en floraison tout l'été ; leurs feuilles sont normalement vertes ou légèrement pourprées ou argentées. Les variétés à feuillage coloré (pourpre, brun, orange, rouge, vert lime, etc., souvent rehaussé d'argent) ont rarement des fleurs très intéressantes ni très durables, mais elles sont attrayantes toute l'année.

Les heuchères à fleurs sont mieux au soleil ou à la mi-ombre ; les variétés à feuillage coloré peuvent aller aussi à l'ombre. Toutes préfèrent les sols riches et bien drainés : certaines sont tolérantes à la sécheresse, d'autres moins. Un bon paillis prévient leur problème numéro un : le déchaussement.

On les multiplie par division ou par bouturage de tige florale.

Photo: Jeffries Nurseries

## HOSTA

Nom botanique : *Hosta* x
Famille : Liliacées
Hauteur (feuillage) : 10 à 120 cm
Hauteur (fleurs) : 15 à 150 cm
Largeur : 25 à 200 cm
Exposition : soleil, mi-ombre, ombre
Sol : humide, bien drainé
Floraison : été
Zone de rusticité : 3

Photo: www.jardinierparesseux.com

## HOSTA PLANTAIN, HOSTA PARFUMÉ

Nom botanique : *Hosta plantaginea*
Famille : Liliacées
Hauteur (feuillage) : 60 à 65 cm
Hauteur (floraison) : 75 cm
Largeur : 90 à 145 cm
Exposition : soleil, mi-ombre
Sol : riche, bien drainé, humide
Floraison : fin de l'été, début de l'automne
Zone de rusticité : 3

# HOSTA

< *Hosta* x 'Sum and Substance'

La première règle du hostaphile paresseux est de… jeter les variétés vulnérables aux limaces au compost ! Avec plus de 5 000 cultivars dont environ la moitié sont résistants aux limaces, ce n'est pas comme si on vous privait de beaucoup de choix.

Les hostas forment un dôme de feuilles arquées de toute taille, d'à peine plus de 10 cm de diamètre à plus de 2 m. Les feuilles peuvent varier de rondes ou cordiformes à lancéolées, même linéaires, et se présentent dans des teintes vertes, bleutées, « dorées » (vert lime à chartreuse) ou bicolores (panachées). Les fleurs sont généralement moins intéressantes que les feuilles, étant de simples entonnoirs blancs ou violets sur des tiges un peu arquées.

Cultivez-les à la mi-ombre ou à l'ombre (certains cultivars tolèrent le soleil) dans un sol humide et bien drainé.

On les multiplie par division.

Malheureusement, les hostas sont souvent endommagés par les cerfs.

# HOSTA PLANTAIN

< *Hosta plantaginea*

En général, on ne cultive pas les hostas pour leurs fleurs mais pour leurs feuilles ; il y a cependant une exception. Le hosta plantain produit des feuilles très belles, de grosses feuilles épaisses vert moyen et joliment nervurées, mais on le cultive surtout pour ses grosses fleurs blanches en trompette qui rappellent des fleurs de lis. Les fleurs sont très parfumées aussi. C'est un des derniers hostas à fleurir dans nos jardins.

Attention ! Son cultivar à fleurs doubles, 'Aphrodite', fleurit trop tardivement pour nos jardins et ses fleurs finissent souvent par geler en plein épanouissement. Aussi, ses tiges ne sont pas suffisamment solides pour supporter les fleurs lourdes, qui s'écrasent alors au sol.

Pour une meilleure floraison, cultivez le hosta plantain plutôt au soleil qu'à l'ombre, même si le feuillage jaunit un peu. Il réussira mieux dans un sol riche en humus, plutôt humide mais bien drainé.

Multiplication par division ou par semences.

Photo: www.jardinierparesseux.com

IBÉRIDE TOUJOURS VERTE, THLASPI TOUJOURS VERT, CORBEILLE D'ARGENT

Nom botanique : *Iberis sempervirens*

Famille : Crucifèracées

Hauteur : 15 à 25 cm

Largeur : 30 à 60 cm

Exposition : soleil

Sol : riche, bien drainé

Floraison : printemps

Zone de rusticité : 2

# IBÉRIDE TOUJOURS VERTE

< *Iberis sempervirens*

Il est vrai que l'ibéride toujours verte est toujours verte ! Les tiges dressées et les feuilles entières de ce sous-arbrisseau sont d'un beau vert foncé 12 mois par année. Les fleurs sont portées en ombelles aplaties et sont blanc pur, parfois teintées de rose vers la fin de la saison. Elles durent presque 10 semaines au total, ce qui est exceptionnel pour une vivace à floraison printanière. Il existe plusieurs cultivars, dont des variétés naines et même des variétés qui refleurissent à l'automne, comme 'October Glory' et 'Autumn Snow'.

L'ibéride toujours verte est une plante alpine, donc habituée aux températures extrêmes. Elle préfère le plein soleil et un sol riche et bien drainé, mais tolère aussi les sols pauvres. Vous pouvez la rabattre à 2 cm du sol si vous jugez que sa croissance est trop inégale.

On la multiplie par semences ou par bouturage de tige; les cultivars, seulement par bouturage de tige.

Photo: www.jardinierparesseux.com

IRIS À CRÊTE, IRIS NAIN À CRÊTE

Nom botanique : *Iris cristata*

Famille : Iridacées

Hauteur : 15 cm

Largeur : 20 cm

Exposition : soleil à ombre

Sol : riche, bien drainé, humide

Floraison : printemps

Zone de rusticité : 3

# IRIS À CRÊTE

< *Iris cristata*

Les fleurs de l'iris à crête sont gigantesques par rapport à la taille de la plante. Le simple éventail de petites feuilles mesure à peine 10 à 15 cm de hauteur, alors que les fleurs atteignent 8 cm de diamètre ! La fleur est bleu violacé avec une crête jaune et blanc cernée de pourpre. Chaque tige ne produit qu'une seule fleur et la floraison est relativement éphémère (environ deux semaines), mais c'est spectaculaire le temps que ça dure.

L'iris à crête est considéré comme l'iris le plus tolérant à l'ombre… mais il pousse au soleil aussi, préférant un sol riche et humide, mais bien drainé. Il tolère la sécheresse, mais il peut entrer en dormance estivale, perdant son feuillage, si la sécheresse dure trop long-temps. La plante se multiplie rapidement : un seul plant peut faire un tapis de 1 m² de diamètre en seule-ment trois ou quatre ans.

On le multiplie par division des rhizomes.

Photo: Jeffries Nurseries

IRIS DE SIBÉRIE

Nom botanique : *Iris sibirica*
Famille : Iridacées
Hauteur : 40 à 120 cm
Largeur : 20 à 40 cm
Exposition : soleil à ombre
Sol : riche, humide
Floraison : début de l'été
Zone de rusticité : 3

# IRIS DE SIBÉRIE

< *Iris sibirica* 'Pansy Purple'

L'iris de Sibérie est en voie de remplacer le populaire iris des jardins ou iris à barbe (*Iris x germanica*), miné par le perceur de l'iris et une apparence peu invitante après la floraison. Heureusement, le perceur ne s'intéresse guère à l'iris de Sibérie, qui, avec ses feuilles étroites et arquées, est joli même sans fleurs. Les fleurs sont néanmoins sa raison d'être, du moins du point de vue d'un jardinier. Elles s'épanouissent au début de l'été. La gamme de couleurs comprend le bleu, le violet, le pourpre, le blanc, le jaune et le rose. Il existe des centaines de cultivars sur le marché.

L'iris de Sibérie est très adaptable. S'il préfère les sols humides, il tolère très bien la sécheresse. Il est bien adapté au soleil et à la mi-ombre, mais il réussit parfois à l'ombre si elle n'est pas trop dense. Son grand défaut est d'être lent à s'établir.

On le multiplie par division.

Photo: www.jardinierparesseux.com

IRIS PANACHÉ, IRIS PÂLE PANACHÉ, IRIS DALMATIEN PANACHÉ, IRIS À PARFUM PANACHÉ

Nom botanique : *Iris pallida* 'Argentea Variegata'
Famille : Iridacées
Hauteur : 60 à 80 cm
Largeur : 30 à 60 cm
Exposition : soleil
Sol : riche et humide
Floraison : début de l'été
Zone de rusticité : 4

# IRIS PANACHÉ

< *Iris pallida* 'Argentea Variegata'

Cet iris est l'un des rares qu'on ne cultive pas uniquement pour ses fleurs. Non pas que ses fleurs bleu violacé pâle ne sont pas belles ni parfumées (elles sentent le jus de raisin), mais c'est le feuillage que nous apprécions le plus. Les feuilles bleu-vert en forme d'épée sont fortement striées de blanc. *I. pallida* 'Variegata' est semblable, mais ses feuilles sont striées de jaune crème.

L'iris panaché préfère le plein soleil. À la mi-ombre, il pousse assez bien, mais il ne fleurit pas ou très peu. Il tolère tous les sols de jardin, préférant un sol riche et humide. Une fois qu'il est bien établi cependant, il peut tolérer un peu de sécheresse. Moins vous le divisez, plus il est beau ! Par contre, si vous en voulez d'autres, c'est par division qu'on le multiplie.

Notez que cet iris, malgré ses rhizomes charnus, est peu touché par le perceur de l'iris.

IRIS VERSICOLORE, FLEUR DE LYS, CLAJEUX

Nom botanique : *Iris versicolor*

Famille : Iridacées

Hauteur : 70 à 120 cm

Largeur : 40 cm

Exposition : soleil, mi-ombre

Sol : riche et humide

Floraison : début de l'été

Zone de rusticité : 3

# IRIS VERSICOLORE

< *Iris versicolor*

Cet iris des marécages est l'emblème floral du Québec, c'est la fleur de lys du drapeau provincial. C'est une très belle plante aux fleurs de couleur variable (c'est le sens de « versicolore »), mais généralement bleu violacé rehaussé de blanc et de jaune. Il existe aussi des cultivars dans des teintes violacées et pourprées. Son feuillage étroit et arqué n'est pas sans attrait, faisant office de graminée ornementale après la floraison.

Malgré ses origines marécageuses et sa capacité de pousser dans les sols complètement détrempés, cet iris n'est pas limité à la vie aquatique et se comporte très bien dans une plate-bande ordinaire. Un peu de paillis pour empêcher la sécheresse totale ne fait cependant pas de tort. C'est une plante de plein soleil qui peut toutefois pousser et fleurir, bien que moins abondamment, à la mi-ombre.

La multiplication se fait par division et par semences.

JOUBARBE, POULE ET SES POUSSINS

Nom botanique : *Sempervivum* spp.

Famille : Crassulacées

Hauteur (feuillage) : 3 à 8 cm

Hauteur (floraison) : 20 à 30 cm

Largeur : 20 à 30 cm

Exposition : soleil, mi-ombre

Sol : ordinaire, très bien drainé, voire sec

Floraison : milieu de l'été

Zone de rusticité : 3

# JOUBARBE

< *Sempervivum* 'Red'

Facile à cultiver, la joubarbe est populaire depuis longtemps. On l'appelle aussi poule et ses poussins, car la plante-mère est vite entourée de bébés portés sur des stolons courts ou longs. Les poussins s'enracinent et, devenus poules, produisent des poussins à leur tour, ce qui forme avec le temps un beau tapis.

La plante forme une rosette dense et basse de feuilles charnues et pointues. Il existe une foule d'espèces et de variétés, à petites ou à grosses rosettes, à feuilles hirsutes ou imberbes, à feuilles vertes, pourpres, argentées ou bicolores, etc. Au moment de la floraison, le centre de la rosette devient une épaisse tige florale, produisant de belles fleurs étoilées blanches, jaunes, roses ou rouges, selon le cultivar. La rosette meurt après la floraison.

C'est une plante minimaliste, se contentant de peu. Elle pousse mieux au plein soleil, mais va aussi à la mi-ombre. Tout sol bien drainé lui convient, même pauvre ou sec.

Photo : www.jardinierparesseux.com

Photo : Jeffries Nurseries

### KIRENGESHOMA À FEUILLES PALMÉES

**Nom botanique :** *Kirengeshoma palmata*
**Famille :** Saxifragacées
**Hauteur :** 80 à 120 cm
**Largeur :** 80 à 120 cm
**Exposition :** soleil à ombre
**Sol :** riche, bien drainé, humide
**Floraison :** fin de l'été, automne
**Zone de rusticité :** 4

Photo : www.jardinierparesseux.com

### KNAUTIE MACÉDONIENNE, KNAUTIE DE MACÉDOINE

**Nom botanique :** *Knautia macedonica*
**Famille :** Dipsacacées
**Hauteur :** 60 à 75 cm
**Largeur :** 30 cm
**Exposition :** soleil
**Sol :** tout sol bien drainé
**Floraison :** début de l'été à l'automne
**Zone de rusticité :** 3

# KIRENGESHOMA À FEUILLES PALMÉES

*< Kirengeshoma palmata*

Vous ne prendriez sûrement pas cette plante pour une vivace. Avec ses tiges semi-ligneuses, son feuillage vert mat harmonieusement découpé et son port en gros dôme arrondi, le kirengeshoma à feuilles palmées fait davantage penser à une hydrangée (*Hydrangea* spp.) qu'à une vivace. Elle fleurit très tardivement, produisant des cloches jaune citron de bonne taille ; on dirait des fleurs d'érable de maison (*Abutilon*). Leur poids fait pencher la tige, donnant une allure pleureuse à la plante. Les fleurs s'épanouissent sur environ six semaines. Les tiges persistent l'hiver : coupez-les au sol au printemps.

Plantez-le à demeure (il est à croissance lente et, de plus, *déteste* les dérangements) dans un emplacement mi-ombragé ou ombragé au sol riche et humide. On peut le cultiver au soleil aussi, mais le sol ne doit pas s'assécher, donc un paillis serait utile.

On peut prélever des divisions de l'extérieur de la touffe des plants matures. Autrement, on le multiplie surtout par bouturage de tige.

# KNAUTIE MACÉDONIENNE

*< Knautia macedonica*

La knautie est cultivée pour ses fleurs en forme de pelote d'épingles de couleur rouge vin et sa floraison durable qui commence au début de l'été pour finir à l'automne. Les fleurs sont nombreuses et bien espacées sur des tiges minces mais solides qui dansent au vent. Elles font d'excellentes fleurs coupées.

La knautie se contente de très peu tant qu'il y a du soleil. Tous les sols lui conviennent s'ils sont bien drainés, même les sols pauvres et secs. D'ailleurs, la plante est plus solide dans les sols ordinaires ou pauvres que dans les sols riches. Aucune fertilisation n'est nécessaire.

La knautie n'a pas une très grande longévité. Elle disparait après quatre ou cinq ans. On peut la diviser, mais pourquoi se donner la peine ? Laissez un peu de terre sans paillis et elle s'y ressèmera. Vous n'aurez alors qu'à déplacer les jeunes plants aux endroits les plus propices.

LAMIER JAUNE, ORTIE JAUNE, LAMIER DORÉ

Nom botanique : *Lamium galeobdolon* 'Hermann's Pride',
   syn. *Lamiastrum galeobdolon* 'Hermann's Pride',
   *Lamium luteum* 'Hermann's Pride, *Galeobdolon
   luteum* 'Hermann's Pride'

Famille : Lamiacées

Hauteur : 30 à 38 cm

Largeur : 45 cm

Exposition : soleil, mi-ombre, ombre

Sol : tous les sols bien drainés

Floraison : fin du printemps, début de l'été

Zone de rusticité : 3

LAMIER MACULÉ

Nom botanique : *Lamium maculatum*

Famille : Lamiacées

Hauteur : 15 à 45 cm

Largeur : indéfinie

Exposition : soleil à ombre

Sol : humide, riche, bien drainé

Floraison : printemps à milieu de l'été,
   sporadique jusqu'à l'automne

Zone de rusticité : 2

# LAMIER JAUNE 'HERMMAN'S PRIDE'

< *Lamium galeobdolon* 'Hermann's Pride'
Normalement, je ne recommande pas le lamier jaune (*Lamium galeobdolon*). Avec ses longs stolons qui s'enracinent partout où ils touchent au sol et qui peuvent facilement passer par-dessus les barrières, c'est une plante trop envahissante pour le jardinier paresseux. Mais il existe un cultivar qui ne produit pas de stolons : 'Hermann's Pride'. C'est une magnifique plante qu'il vaut la peine de cultiver.

Elle forme un dôme composé de tiges dressées et de feuilles ovales très argentées, une coloration mise en valeur par des nervures contrastantes vertes. À la fin du printemps, le « dôme » est décoré de jolies fleurs jaunes à capuchon. Le feuillage est persistant et garde sa coloration argentée à l'année, prenant toutefois une teinte pourprée à l'automne.

Cette « mauvaise herbe réformée » pousse dans toutes les conditions : soleil ou ombre, sol sec ou humide, riche ou pauvre. Elle se multiplie facilement par bouturage de tige.

# LAMIER MACULÉ

< *Lamium maculatum* 'Orchid Frost'
Le lamier maculé produit une touffe de tiges dressées à l'extrémité mais couchées au sol à la base. Il en résulte des plantes peu hautes, mais qui s'élargissent constamment, car les tiges s'enracinent là où elles touchent au sol. C'est donc une plante couvre-sol, pas une plante de plate-bande.

Le feuillage est persistant, composé de feuilles cordiformes crénelées vertes marbrées d'argent. Dans certains cas, tout le centre de la feuille est argenté : il ne reste qu'un mince pourtour de vert. Les petites fleurs à capuchon se présentent dans une vaste gamme de violets, de lavande, de roses et de blancs, selon le cultivar. La plupart des cultivars fleurissent jusqu'au milieu de l'été, puis sporadiquement jusqu'au milieu de l'automne.

Sa culture est la facilité même, car toutes les conditions lui conviennent. Comme bien des couvre-sols, par contre, le lamier maculé est envahissant. Heureusement qu'il s'arrache facilement quand il s'aventure trop loin !

On le multiplie par bouturage de tige ou par division.

Photo : www.jardinierparesseux.com

Photo: Jeffries Nurseries

LAVATÈRE DE THURINGE, LAVATÈRE VIVACE

Nom botanique : *Lavatera thuringiaca*
Famille : Malvacées
Hauteur : 120 à 150 cm
Largeur : 90 à 120 cm
Exposition : soleil
Sol : bien drainé, sec, pauvre
Floraison : milieu à fin de l'été
Zone de rusticité : 4

Photo : www.jardinierparesseux.com

LIATRIDE À ÉPIS

Nom botanique : *Liatris spicata*
Famille : Astéracées
Hauteur : 60 à 120 cm
Largeur : 45 à 60 cm
Exposition : soleil, mi-ombre
Sol : riche et bien drainé
Floraison : tout l'été
Zone de rusticité : 3

# LAVATÈRE DE THURINGE

< *Lavatera thuringiaca*

Il s'agit d'un sous-arbrisseau aux tiges semi-ligneuses. Avec son port évasé et ses tiges si solides, la lavatère de Thuringe passe d'ailleurs souvent pour un arbuste. Les feuilles en forme de cœur ont de trois à cinq lobes arrondis et sont duveteuses. La plante porte presque tout l'été des fleurs rose mauve iridescent en forme de soucoupe. Elle ressemble beaucoup à une grande mauve musquée (*Malva moschata*, voir p. 107), mais celle-ci est plus basse (rarement plus de 90 cm de hauteur) et à feuilles découpées.

La lavatère préfère le plein soleil et les sols pauvres à ordinaires et plutôt secs. Dans les milieux humides et riches, ses tiges sont moins solides et sa floraison est moins durable. Elle croît rapidement, mais déteste les déplacements une fois qu'elle est établie. On la multiplie donc surtout par bouturage de tige ou par semences.

Tailler cette plante à l'automne peut la tuer. Attendez au printemps et ne supprimez que les parties mortes.

**Attention** : plante vulnérable aux scarabées japonais là où ils sont présents !

# LIATRIDE À ÉPIS

< *Liatris spicata* 'Kobold'

Curieuse plante que la liatride à épis. Non pas en raison de ses épis plumeux roses ou blancs, selon le cultivar, mais plutôt à cause de sa façon de fleurir. Chez les autres plantes à épis, la floraison commence à la base de l'épi et monte ; chez la liatride, elle commence au sommet et descend. On reconnaît aussi la liatride à son feuillage lancéolé très abondant sur des tiges dressées, ce qui la fait passer pour un lis (*Lilium*) quand elle n'est pas encore en fleurs. Il existe de grandes variétés et des variétés naines.

Contrairement à presque toute autre plante vendue comme « vivace », la liatride pousse à partir d'un cormus. On peut économiser beaucoup en achetant des cormus de liatride au printemps plutôt que des plantes.

Cultivez-la dans un sol humide l'été, mais bien drainé l'hiver, au soleil ou à la mi-ombre.

On la multiplie surtout par division.

Photo : www.jardinierparesseux.com

LIGULAIRE DE PRZEWALSKI

Nom botanique : *Ligularia przewalskii*

Famille : Astéracées

Hauteur : 80 à 100 cm

Largeur : 95 cm

Exposition : soleil, mi-ombre, ombre

Sol : riche, frais et humide

Floraison : été

Zone de rusticité : 4

Photo : www.jardinierparesseux.com

LIGULAIRE DENTÉE, LIGULAIRE D'OR

Nom botanique : *Ligularia dentata* 'Othello', 'Desdemona'
    et 'Britt Marie Crawford'

Famille : Astéracées

Hauteur (feuillage) : 40 à 50 cm

Hauteur (floraison) : 100 à 120 cm

Largeur : 60 à 120 cm

Exposition : soleil à ombre

Sol : riche, frais et humide

Floraison : fin de l'été, début de l'automne

Zone de rusticité : 3

# LIGULAIRE DE PRZEWALSKI

< *Ligularia przewalskii*

Malgré son nom imprononçable (essayez « cheval-ski », vous serez très proche), la ligulaire de Przewalski est très populaire, et pourquoi pas avec son si beau feuillage et ses fleurs si spectaculaires ? Les feuilles vert moyen sont palmées, avec des lobes très profonds. L'épi, porté sur une tige pourpre foncé, se couvre de fleurs à cinq rayons rubanés jaune vif. On la confond souvent avec sa cousine beaucoup plus grande, la ligulaire à épis étroits 'The Rocket' (*Ligularia stenocephala* 'The Rocket'), de 1,2 à 1,8 m, mais celle-ci porte des feuilles en cœur dentées, une tige pourpre plus pâle et des fleurs à trois rayons. On peut les employer indifféremment dans les mêmes conditions.

Et ces conditions sont : de l'eau, de l'eau et encore de l'eau ! Plantez-les près de l'eau ou dans un sol riche et humide, bien paillé. Toutes les expositions conviennent… si le sol est humide, mais autrement évitez le soleil.

Multiplication par division.

# LIGULAIRE DENTÉE À FEUILLES POURPRES

< *Ligularia dentata* 'Othello'

Ne cherchez pas de ligulaire dentée à feuilles vertes, vous n'en trouverez pas. Les cultivars présentement sur le marché sont tous à feuilles pourprées : légère-ment pourprées pour 'Desdemona' et 'Othello', très pourprées pour 'Britt Marie Crawford'. Et on les cultive surtout pour leurs grosses feuilles (jusqu'à 50 cm) en forme de cœur. Du moins, jusqu'à ce qu'elles fleurissent vers la fin de l'été, produisant de hautes tiges coiffées de marguerites jaune orangé.

Ces plantes *adorent* l'eau, sinon elles flétrissent comme laitue au soleil. Il leur faut un emplacement au sol riche (ce sont des plantes gourmandes), humide et *frais*. Un paillis est essentiel pour maintenir un bon niveau d'humidité si on les cultive dans une plate-bande typique. Mieux encore, cultivez-les dans un marécage ou en bordure d'un jardin d'eau. Elles poussent souvent mieux à la mi-ombre et à l'ombre qu'au soleil, car le sol s'y dessèche moins rapidement. Attention aux limaces !

Multiplication  par division.

Photo: Jeffries Nurseries

**LIN BLEU**

Nom botanique : *Linum perenne*

Famille : Linacées

Hauteur : 30 à 60 cm

Largeur : 30 cm

Exposition : soleil

Sol : ordinaire, très bien drainé

Floraison : tout l'été

Zone de rusticité : 2

# LIN BLEU

< *Linum perenne*

Traditionnellement, le lin bleu est, avec le lin commun (*Linum usitatissimum*), qui est une annuelle, la source de la fibre du même nom. Il produit une profusion de fleurs bleu azur, une couleur très rare dans le monde végétal, durant presque tout l'été. Et ce ne sont pas ses tiges minces (mais résistantes : essayez donc d'en casser une) ni ses petites feuilles étroites qui vont cacher les fleurs à la vue. Les boutons floraux sont pendants, mais ils se redressent à maturité, permettant aux cinq pétales larges de faire face au soleil. Il existe aussi des cultivars nains (environ 30 cm de hauteur) et des cultivars à fleurs blanc pur.

Le lin bleu exige le plein soleil et un drainage parfait. C'est une des rares vivaces qui *préfèrent* un sol plutôt pauvre et sans paillis. Cette plante ne vit pas longtemps (trois ou quatre ans), mais elle se ressème spontanément, parfois trop abondamment si on ne paille pas.

Photo: Jacques Allard

**LOBÉLIE BLEUE, LOBÉLIE SYPHILITIQUE**

Nom botanique : *Lobelia siphilitica*

Famille : Campanulacées

Hauteur : 60 à 105 cm

Largeur : 30 cm

Exposition : soleil, mi-ombre

Sol : humide et frais

Floraison : milieu de l'été à l'automne

Zone de rusticité : 3

# LOBÉLIE BLEUE

< *Lobelia siphilitica*

Non, cette plante n'est pas atteinte de syphilis ni ne la transmet. Son nom vient du fait que les Amérindiens l'utilisaient autrefois pour traiter cette maladie.

C'est une très belle plante, un peu le pendant bleu de la lobélie cardinale (voir fiche suivante). Elle produit des feuilles étroites similaires et pousse en touffes semblables coiffées d'épis de fleurs… différentes. D'abord par leur couleur bleu violacé, mais aussi par les pétioles plus courts et plus larges. On trouve quelques cultivars bleus et blancs. On l'a croisée avec la lobélie cardinale, ce qui a donné *L.* x *gerardii*, aux fleurs pourpres, roses, rouges, etc.

C'est une plante mieux adaptée aux conditions normales de jardin que la lobélie cardinale, même si elle aime toujours les sols humides. Un bon paillis peut alors être utile. Préférez le soleil ou la mi-ombre. La lobélie bleue et ses hybrides vivent longtemps là où elles se sentent à l'aise.

Multiplication par bouturage ou par division.

Photo : www.jardinierparesseux.com

**LOBÉLIE CARDINALE**

Nom botanique : *Lobelia cardinalis*

Famille : Campanulacées

Hauteur : 60 à 120 cm

Largeur : 30 cm

Exposition : soleil, mi-ombre

Sol : humide et frais

Floraison : milieu à fin de l'été

Zone de rusticité : 2

Photo : www.jardinierparesseux.com

**LYSIMAQUE DE CHINE, LYSIMAQUE À FLEURS DE CLÈTHRE**

Nom botanique : *Lysimachia clethroides*

Famille : Primulacées

Hauteur : 60 à 90 cm

Largeur : illimitée

Exposition : soleil, mi-ombre

Sol : bien drainé, humide

Floraison : milieu de l'été à début de l'automne

Zone de rusticité : 3

# LOBÉLIE CARDINALE

*< Lobelia cardinalis*

Cette superbe plante, parfaitement adaptée au colibri qui est son pollinisateur principal, est peut-être la plus belle de toutes nos plantes sauvages. Du moins, elle est sûrement la plus voyante, car ses fleurs rouge cardinal se voient de loin. Elle forme des touffes de tiges dressées portant des feuilles vert foncé lancéolées et dentées. Les tiges sont coiffées d'un épi de fleurs curieuses à stigmate proéminent et arqué, avec deux pétales latéraux filiformes et souvent tordus, et un pétale inférieur large à trois lobes. Préparez votre appareil photo, les colibris arrivent !

C'est une plante semi-aquatique, adaptée aux sols de plate-bande seulement s'ils sont maintenus humides (un paillis est de rigueur), et elle pousse très bien dans une pièce d'eau ou sur le bord. Elle aime le soleil et la mi-ombre. Ce n'est pas une plante qui vit longtemps dans une plate-bande : pour la maintenir, on la divisera ou on la multipliera par semences aux trois ans environ.

**Attention** : plante susceptible d'être endommagée par les cerfs !

# LYSIMAQUE DE CHINE

*< Lysimachia clethroides*

Préparez vos barrières anti-envahissement ! On ne peut faire confiance à aucune lysimaque, un genre réputé pour ses envahisseurs acharnés… mais celle-ci est si séduisante qu'il est facile de lui pardonner ses offenses. Il s'agit d'une plante à tiges dressées et à feuilles lancéolées vert mat qui forment un tapis sans fin. À l'extrémité des tiges se forme un épi curieusement et joliment courbé en cou de cygne. Tous les épis d'une colonie penchent dans le même sens. L'épi est composé de petites fleurs blanches.

Plantez la lysimaque de Chine au milieu d'une barrière enfoncée (voir p. 29-30) dans un emplacement mi-ombré, de préférence, ou ensoleillé. Elle préfère un sol humide ou même détrempé. Dans un sol plus sec, elle poussera moins vite… et sera moins envahissante ! Un paillis est utile pour garder le sol plus humide, surtout si elle a été plantée au soleil.

La plante se multiplie *très* facilement par division.

Photo: Jeffries Nurseries

LYSIMAQUE PONCTUÉE

Nom botanique: *Lysimachia punctata*

Famille : Primulacées

Hauteur : 100 cm

Largeur : illimitée

Exposition : soleil, mi-ombre

Sol : bien drainé

Floraison : début à milieu de l'été

Zone de rusticité : 4

Photo: www.jardinierparesseux.com

MATRICAIRE BLANCHE, CHRYSANTHÈME-MATRICAIRE, GRANDE CAMOMILLE

Nom botanique : *Tanacetum parthenium*

Famille : Astéracées

Hauteur : 20 à 90 cm

Largeur : 30 à 60 cm

Exposition : soleil, mi-ombre

Sol : bien drainé

Floraison : milieu de l'été jusqu'aux gels

Zone de rusticité : 3

# LYSIMAQUE PONCTUÉE

< *Lysimachia punctata*

Si vous pensiez que la lysimaque de la fiche précédente était envahissante, vous n'avez rien vu ! La lysimaque ponctuée peut produire des rhizomes de plus de 4 m de long au cours d'un seule saison. Et elle est déjà parfaitement naturalisée dans des fossés un peu partout. Par contre, il suffit de la planter à l'intérieur d'une barrière enfoncée dans le sol pour la contenir parfaitement, donc…

Il s'agit d'une vivace aux tiges dressées portant des petites feuilles vert mat et, vers le sommet, des verticilles de fleurs jaunes en forme de coupe. Les fleurs sont voyantes et longévives, durant presque huit semaines. Il existe des cultivars à feuillage panaché qu'on dit moins envahissants… mais ça m'étonnerait !

La lysimaque ponctuée préfère un sol humide à détrempé et peut pousser avec ses racines sous l'eau en bordure d'un étang. Elle s'adapte toutefois aux sols plus secs de nos plates-bandes, surtout si on applique un paillis.

Multiplication par division.

# MATRICAIRE BLANCHE

< *Tanacetum parthenium*

Souvent confondue avec la matricaire (*Matricaria recutita*) ou avec la camomille (*Chamaemelum nobile*), *Tanacetum parthenium* n'est ni l'une ni l'autre et n'est d'ailleurs plus utilisée comme fine herbe. Il s'agit d'une plante de hauteur variable (jusqu'à 90 cm pour la forme sauvage, 20 à 45 cm pour plusieurs cultivars ornementaux) au feuillage penné à l'arôme désagréable (on ne le remarque que si on le froisse), censé éloigné les insectes. Les fleurs ressemblent à des petites marguerites, blanches à cœur doré. Chez les cultivars, on trouve souvent des fleurs doubles blanches ou jaunes – de véritables pompons ! – et aussi des formes à feuillage « doré » (vert lime), frisé et bien plus encore.

Cette vivace est de courte vie (deux ou trois ans), mais se ressème abondamment. Elle préfère le plein soleil, mais tolère la mi-ombre. Tout sol bien drainé conviendra.

Les cultivars semblent fidèles au type par semences, mais on peut aussi les bouturer.

Photo : www.jardinierparesseux.com

**MAUVE MUSQUÉE**

Nom botanique : *Malva moschata*

Famille : Malvacées

Hauteur : 60 à 90 cm

Largeur : 50 cm

Exposition : soleil

Sol : bien drainé, sec, pauvre

Floraison : tout l'été

Zone de rusticité : 3

Photo : www.jardinierparesseux.com

**MERTENSIA DE VIRGINIE**

Nom botanique : *Mertensia virginica,*
    syn. *M. pulmonarioides*

Famille : Boraginacées

Hauteur : 30 à 60 cm

Largeur : 30 cm

Exposition : soleil, mi-ombre, ombre

Sol : riche et bien drainé, humide

Floraison : fin du printemps

Zone de rusticité : 2

# MAUVE MUSQUÉE

< *Malva moschata*

Cette plante médicinale des débuts de la colonisation européenne est maintenant devenue une mauvaise herbe dans bien des endroits… mais une si jolie mauvaise herbe ! C'est une vivace d'allure arbustive, avec des tiges dressées ramifiées et des feuilles un peu découpées (à la base) à très découpées (vers le sommet). On la distingue de la lavatère de Thuringe (*Lavatera thuringiaca*) surtout par les feuilles, celles de cette dernière n'étant pas découpées. Les feuilles dégagent une odeur musquée quand on les froisse. Les fleurs sont grosses et nombreuses, à quatre pétales triangulaires encochés à l'extrémité, se succédant durant la majeure partie de l'été. Elles sont roses ou blanches.

La mauve musquée préfère les sols bien drainés et tolère bien les sols secs et pauvres. Elle tend à disparaître des plates-bandes trop riches. Le plein soleil est obligatoire. C'est une vivace de courte vie mais qui se ressème bien. D'ailleurs on la multiplie presque uniquement par semis.

**Attention** : plante vulnérable aux scarabées japonais là où ils sont présents !

# MERTENSIA DE VIRGINIE

< *Mertensia virginica*

Cette vivace pressée a le comportement – et la saison de floraison – d'une tulipe. Elle sort rapidement au printemps, fleurit tôt, au moment où la plupart des autres vivaces sont à peine en train de pointer, puis disparaît jusqu'au printemps suivant.

Les feuilles sont lisses et d'un joli bleu-vert, portées sur des tiges dressées à la base, arquées au sommet. Les boutons floraux pendants sont roses, s'ouvrant pour révéler une fleur en trompette bleu-lavande. Après la floraison, le feuillage persiste quelques semaines, puis jaunit et sèche.

C'est une plante de sous-bois qui préfère un emplacement au soleil au printemps, mais à l'ombre ou à la mi-ombre l'été, et une bonne couche de litière forestière. On peut la naturaliser dans une forêt où sa disparition estivale sera moins dérangeante. Dans une plate-bande, entourez-la de végétaux qui la cacheront à la vue. Le sol doit être humide au printemps, mais peut s'assécher l'été.

On la multiplie surtout par semences.

Photo: Jeffries Nurseries

### MOLÈNE DE PHÉNICIE

Nom botanique : *Verbascum phoeniceum*
    et ses hybrides (*V.* x)

Famille : Scrophulariacées

Hauteur : 60 à 120 cm

Largeur : 60 cm

Exposition : soleil, mi-ombre

Sol : bien drainé

Floraison : milieu de l'été

Zone de rusticité : 4

Photo : www.jardinierparesseux.com

### MONARDE HYBRIDE

Nom botanique : *Monarda* x

Famille : Labiées

Hauteur : 45 à 120 cm

Largeur : 30 à 90 cm

Exposition : soleil, mi-ombre

Sol : humide et riche

Floraison : été

Zone de rusticité : 3

## MOLÈNE DE PHÉNICIE

< *Verbascum phoeniceum* 'Violetta'

Le genre *Verbascum* est surtout composé de plantes bisannuelles ou de vivaces de courte vie, mais il existe quelques espèces plus longévives et c'est le cas de la molène de Phénicie, qui peut vivre sept ans ou plus, même sans division.

La plante forme une rosette basse de grandes feuilles vert luisant et d'apparence un peu froissée. En été, des tiges florales dressées, ramifiées à la base, se forment, portant des épis étroits de fleurs aplaties violettes, rouges, roses ou blanches chez l'espèce, mais souvent jaunes ou pêche chez les hybrides.

Plantez la molène de Phénicie au soleil ou à la mi-ombre dans tout sol bien drainé. Elle semble pousser aussi bien dans les sols pauvres que dans les sols riches, et elle tolère sans trop de problème des sécheresses modestes. Par contre, elle est plus belle quand elle reçoit une humidité plus égale.

Multiplication surtout par semences, mais aussi par bouturage de racines.

## MONARDE HYBRIDE

< *Monarda* x 'Petite Delight'

La monarde ne mérite une place dans la plate-bande d'un jardinier paresseux qu'à une condition : qu'on élimine d'office les variétés sujettes au blanc. Il est ahurissant de constater que l'on offre encore des variétés vulnérables à cette maladie, mais c'est bien le cas. *Caveat emptor* (aux risques de l'acheteur) !

Il s'agit d'une plante dressée aux feuilles opposées aromatiques et portant, durant une bonne partie de l'été, des fleurs ébouriffées aromatiques rouges, roses, violettes ou blanches qui attirent colibris et papillons. Parmi les cultivars résistants au blanc, il y a 'Gardenview Scarlet', 'Jacob Cline', 'Petite Delight', 'Petite Wonder' et 'Scorpio'.

La monarde est une plante de marécage qui préfère les sols riches et humides, même détrempés. Un paillis est toujours utile. Elle pousse bien au soleil ou à la mi-ombre. Contrôlez la tendance envahissante des grandes variétés en les plantant à l'intérieur d'une barrière (voir p. 29-30).

On la multiplie par division ou par bouturage de tige.

MYOSOTIS DES MARÉCAGES, MYOSOTIS DES MARAIS,
MYOSOTIS FAUX-SCORPION

Nom botanique : *Myosotis scorpioides* 'Semperflorens',
    syn. *M. palustris* 'Semperflorens'

Famille : Boraginacées

Hauteur : 15 à 20 cm

Largeur : 25 cm

Exposition : soleil, mi-ombre

Sol : riche, humide, très humide

Floraison : tout l'été

Zone de rusticité : 3

NÉPÉTA HYBRIDE DE FAASEN, HERBE AUX CHATS,
CHATAIRE

Nom botanique : *Nepeta* x *faassenii*, hort. *N. mussinii*

Famille : Lamiacées

Hauteur : 30 cm

Largeur : 30 cm

Exposition : soleil, mi-ombre

Sol : bien drainé, ordinaire

Floraison : tout l'été

Zone de rusticité : 4

# MYOSOTIS DES MARÉCAGES

< *Myosotis scorpioides* 'Semperflorens'

Le nom le dit bien : 'Semperflorens', toujours en fleurs. Alors que la vaste majorité des myosotis (forget-me-not) sont des bisannuelles à floraison printanière, ce cultivar est solidement vivace et fleurit tout l'été.

Il s'agit d'une petite plante à petites feuilles vertes produisant des petites fleurs… mais l'abondance et la couleur bleu ciel des fleurs à petit cœur jaune fait oublier son format réduit. Son apparence un peu ouverte au début se corrigera avec le temps, car il produit des stolons et remplira alors l'espace vide. Plantez plusieurs spécimens pour obtenir un effet immédiat.

Le nom commun suggère les origines de la plante, qui pousse le pied dans l'eau dans les marécages et même dans les ruisseaux à faible débit. Le myosotis apprécie donc une bonne humidité en tout temps. Un sol riche qui retient bien l'humidité et un bon paillis aideront dans les milieux plus terrestres.

On le multiplie par division ou par semences.

# NÉPÉTA HYBRIDE DE FAASEN

< *Nepeta* x *faassenii*

Si vous ne pouvez pas cultiver la lavande (et qui le peut sous notre climat, du moins à long terme ?), vous avez le substitut parfait : le népéta hybride de Faasen. C'est une jolie petite plante délicieusement parfumée (mais sentant plutôt la menthe) qui forme des touffes denses aux petites feuilles un peu argentées et aux multiples épis de petites fleurs bleu lavande durant presque tout l'été. Il existe de nombreux autres népétas plus petits et plus grands.

Le népéta hybride de Faasen préfère le soleil ou la mi-ombre et tout sol bien drainé. Il tend à pousser un peu lâchement dans les sols trop riches. Si la floraison diminue trop à votre goût, rabattez la plante et elle reprendra sa floraison. Protégez-la des chats après la plantation ou la taille, car ils se feraient un plaisir de l'arracher !

Certains népétas se multiplient pas semences, mais *N.* x *faasenii* est stérile et ne produit pas de semences. On le multiplie par division ou par bouturage.

Photo: Jeffries Nurseries

### ŒILLET DE GRENOBLE

Nom botanique : *Dianthus gratianopolitanus*

Famille : Caryophyllacées

Hauteur : 10 à 30 cm

Largeur : 30 cm

Exposition : soleil, mi-ombre

Sol : très bien drainé

Floraison : début à milieu de l'été

Zone de rusticité : 2

Photo: www.jardinierparesseux.com

### ŒILLET MIGNARDISE

Nom botanique : *Dianthus plumarius* et *D. x allwoodii*

Famille : Caryophyllacées

Hauteur : 25 à 40 cm

Largeur : 30 cm

Exposition : soleil, mi-ombre

Sol : très bien drainé

Floraison : début à milieu de l'été

Zone de rusticité : 4

# ŒILLET DE GRENOBLE

< *Dianthus gratianopolitanus* 'Grandiflora'

Personne ne cultive le vrai œillet de Grenoble (*Dianthus gratianopolitanus*), car les plantes qui portent ce nom aujourd'hui sont probablement tous des hybrides d'autres *Dianthus*, un genre de mœurs très légères qui se croise avec le tout-venant. Dans le sens moderne du terme, par œillet de Grenoble on entend ces petits œillets à feuillage mince et bleuté, semblable à du gazon, et aux fleurs de petite taille, simples ou doubles, habituellement très nombreuses et très parfumées. Elles sont de couleur rose, rouge, blanche ou bicolore, et habituellement solitaires. Les fleurs se succèdent pendant trois à quatre semaines, parfois plus.

Ces plantes d'origine alpine préfèrent un sol bien drainé, mais elle ne sont pas difficiles en matière de qualité du sol. Le plein soleil ou la mi-ombre conviennent très bien.

Impossible de multiplier par semences ces plantes hybrides qui ne sont pas fidèles au type. Procédez plutôt par bouturage de tige ou par division.

# ŒILLET MIGNARDISE

< *Dianthus x allwoodii*

Il s'agit d'une plante assez proche de l'œillet de Grenoble (fiche précédente), mais généralement plus grande, aux fleurs plus grosses et généralement portées à deux par tige. Aussi, les fleurs sont très frangées alors que les fleurs des œillets de Grenoble sont généralement entières. Les fleurs peuvent être blanches, roses, rouges ou violettes, et elles présentent souvent une auréole plus foncée autour du centre qui peut être simple ou semi-double. Les tous deux partagent des fleurs parfumées et des feuilles étroites bleu-vert. Le « vrai » œillet mignardise (*D. plumarius*) est rarement cultivé : la plante offerte dans le commerce est d'origine hybride. Les plantes moins proche du type sont souvent identifiées sous le nom *D. x allwoodii*.

Donnez-lui le plein soleil ou la mi-ombre et un sol bien drainé de toute qualité. L'œillet mignardise est une excellente variété pour la fleur coupée.

La multiplication se fait surtout par division ou par bouturage de tige.

ONAGRE DU MISSOURI

Nom botanique : *Oenothera macrocarpa,*
  syn. *O. missouriensis*

Famille : Onagracées

Hauteur : 25 cm

Largeur : 35 cm

Exposition : soleil, mi-ombre

Sol : bien drainé

Floraison : tout l'été

Zone de rusticité : 3

ONAGRE FRUTESCENTE, ONAGRE TÉTRAGONE,
ŒNOTHÈRE

Nom botanique : *Oenothera fruticosa,* syn. *O. tetragona*

Famille : Onagracées

Hauteur : 40 à 60 cm

Largeur : 30 à 40 cm

Exposition : soleil

Sol : bien drainé

Floraison : tout l'été

Zone de rusticité : 3

# ONAGRE DU MISSOURI

< *Oenothera macrocarpa*

Les fleurs de cette onagre ont la curieuse habitude de s'ouvrir le soir pour se refermer le jour. Elle compense cette attitude peu hospitalière par des fleurs gigantesques qui atteignent jusqu'à 10 cm de diamètre et qui sont de couleur jaune pâle. C'est une plante rampante aux tiges prostrées se redressant à l'extrémité, qui portent des feuilles longues et étroites, souvent luisantes, mais parfois argentées. Les boutons floraux, longs et pointus, sont souvent tachetés de rouge. Même les capsules de fruits, grosses et ailées, souvent rousses, sont décoratives.

Cette plante, qui provient des régions arides des Prairies, appréciera un drainage parfait. On peut, par exemple, la cultiver dans une rocaille ou sur une pente. Elle semble indifférente à la qualité du sol, préférant même les sols plutôt secs qu'humides. Inutile de vous dire qu'un paillis ne sera *pas* nécessaire ! On peut la cultiver au soleil ou à la mi-ombre.

On la multiplie habituellement par semences, mais on peut aussi la diviser.

# ONAGRE FRUTESCENTE

< *Oenothera fruticosa*

Le mot « frutescent » veut dire « petit arbuste », et c'est bien le port de l'onagre frutescente, avec ses tiges dressées un peu ligneuses. Elles sont vertes ou rougeâtres selon le cultivar, et les boutons floraux peuvent aussi être roussâtres. Les feuilles lancéolées, par contre, sont bien vertes, et les fleurs à quatre pétales sont larges, d'un jaune franc sans la moindre trace de rouge. Elles se succèdent durant presque tout l'été. Il existe plusieurs cultivars de cette espèce, tous très jolis.

Le jaune soleil des fleurs est-il un signe du ciel que l'onagre frutescente aime le soleil ? Je n'oserais pas le dire, mais… il est vrai que c'est une plante de plein soleil. Elle pousse bien dans tous les sols bien drainés, même les sols secs. Elle apprécie un sol également humide aussi.

Multipliez les cultivars par division, car ils ne sont pas tout à fait fidèles au type par semences.

Photo: Jeffries Nurseries

OREILLE D'AGNEAU, ÉPIAIRE LAINEUX

Nom botanique : *Stachys byzantina,*
    syn. *S. lanata, S. olympica*
Famille : Labiées
Hauteur (feuillage) : 20 cm
Hauteur (floraison) : 40 cm
Largeur : indéfinie
Exposition : soleil, mi-ombre
Sol : bien drainé, légèrement humide
Floraison : milieu à fin de l'été
Zone de rusticité : 3

# OREILLE D'AGNEAU

< *Stachys byzantina* 'Silver Carpet'

Le nom commun décrit bien l'attrait principal de l'oreille d'agneau : une feuille en forme d'oreille d'agneau complètement couverte d'un épais duvet blanc qui lui donne une coloration plus blanc-gris que verte. La feuille est aussi douce au toucher qu'elle en a l'air. Le feuillage est persistant, et la plante, qui court lentement sur le sol, forme alors un beau tapis gris argenté. À partir du milieu de l'été, des tiges dressées laineuses se forment, portant de petites feuilles poilues et des verticilles de fleurs roses. Il existe des cultivars, comme 'Silver Carpet', qui ne fleurissent pas ou très rarement, et ils sont préférables si vous cherchez une plante tapissante.

L'oreille d'agneau poussera au soleil et à la mi-ombre dans tout sol bien drainé et pas trop sec. Une humidité égale donnera un plus bel effet. La pourriture est toutefois un danger si le sol est détrempé.

On la multiplie facilement par division.

Photo: www.jardinierparesseux.com

PACHYSANDRE DU JAPON

Nom botanique : *Pachysandra terminalis*
Famille : Buxacées
Hauteur : 15 à 20 cm
Largeur : indéfinie
Exposition : ombre, mi-ombre (soleil)
Sol : riche, humide, bien drainé
Floraison : fin du printemps
Zone de rusticité : 4

# PACHYSANDRE DU JAPON

< *Pachysandra terminalis*

Est-ce le couvre-sol parfait ? La pachysandre du Japon est un sous-arbrisseau aux tiges dressées courtes et aux feuilles persistantes vert très foncé munies de dents arrondies groupées à l'extrémité des tiges. La plante forme aussi des tiges horizontales souterraines qui sortent près de la plante-mère, créant un tapis dense et égal. Les épis terminaux de fleurs blanc crème assez parfumées sont toutefois petits et peu voyants. La pachysandre est vraiment cultivée pour ses feuilles et non pour ses fleurs. Il existe des cultivars à feuillage luisant ou panaché.

Réputée comme plante d'ombre (elle pousse même dans les coins les plus sombres), la pachysandre réussit aussi parfaitement au soleil, mais dans ce dernier cas, seulement si son terreau demeure humide en tout temps. Même si elle préfère un sol riche et humide, elle tolère la compétition racinaire et son effet asséchant.

Multiplication par division ou par bouturage de tige.

Photo : Thomppson & Morgan

PANICAUT DES ALPES, ÉRYNGE DES ALPES,
CHARDON BLEU DES ALPES

Nom botanique : *Eryngium alpinum*
Famille : Apiacées
Hauteur : 30 à 90 cm
Largeur : 60 cm
Exposition : soleil, mi-ombre
Sol : bien drainé
Floraison : milieu à fin de l'été
Zone de rusticité : 4

# PANICAUT DES ALPES

< *Eryngium alpinum* 'Blue Lace'

Les feuilles basales vertes cordiformes légèrement
dentées ne donnent aucune indication que cette
plante sera un jour aussi épineuse, mais à mesure
que les tiges grandissent, les feuilles sont de plus
en plus découpées, puis très dentelées et piquantes,
changent de couleur pour devenir bleu argenté. La
plante est coiffée d'un cône allongé composé de fleurs
minuscules : elles sont blanches en bouton, bleu
métallique à l'épanouissement. Le cône est entouré
d'une masse de bractées fortement dentelées d'un
beau bleu améthyste. Spectaculaire !

C'est l'un des rares panicauts qui n'exigent pas un sol
sec et pauvre, s'accommodant bien de nos plates-bandes
au sol riche pour autant qu'il soit bien drainé. Il préfère
le plein soleil, ayant tendance à plier à la mi-ombre.

Comme cette plante tolère difficilement la division,
on la multiplie surtout par bouturage de racines
en enfonçant une pelle dans le sol près de sa base.
On sectionne ainsi quelques racines qui donneront
ensuite des rejets.

Photo : www.jardinierparesseux.com

PAVOT D'ISLANDE, PAVOT NUDICAULE

Nom botanique : *Papaver nudicaule*
Famille : Papavéracées
Hauteur : 25 à 45 cm
Largeur : 25 à 30 cm
Exposition : soleil, mi-ombre
Sol : bien drainé, même sec
Floraison : tout l'été
Zone de rusticité : 1

# PAVOT D'ISLANDE

< *Papaver nudicaule*

Ce joli petit pavot produit des fleurs étonnamment
grosses qui ajoutent de la couleur à la plate-bande
pendant une très longue saison. La plante forme une
rosette basse composée de feuilles découpées gris-
vert. Des tiges dressés, sans feuilles, ne portant qu'un
seul bouton floral pendant se succèdent durant tout
l'été. Le bouton se redresse à la floraison et s'éclate en
une fleur qui atteint jusqu'à 15 cm de diamètre aux
pétales soyeux de couleur blanche, rose, orange, jaune
ou rouge, parfois bicolore. Elle peut être simple, semi-
double ou double.

Il est probablement plus pratique de semer des
pavots d'Islande que d'acheter des plants. Après
tout, ils fleurissent abondamment dès le deuxième
été. Ils préfèrent le plein soleil ou la mi-ombre et un
sol bien drainé, même sec. Dans les régions à étés
chauds, le pavot d'Islande est à peine plus qu'une
bisannuelle; ailleurs il est très longévif. Il peut souvent
se maintenir par semis spontanés.

Photo: Jeffries Nurseries

### PAVOT D'ORIENT

Nom botanique : *Papaver orientale*
Famille : Papavéracées
Hauteur : 60 à 120 cm
Largeur : 45 à 60 cm
Exposition : soleil
Sol : riche, bien drainé
Floraison : début de l'été
Zone de rusticité : 2

Photo: www.jardinierparesseux.com

### PENSÉE DE CORSE, VIOLETTE DE CORSE

Nom botanique : *Viola corsica*
Famille : Violacées
Hauteur : 15 à 30 cm
Largeur : 30 cm
Exposition : soleil, mi-ombre
Sol : riche, humide, bien drainé
Floraison : milieu du printemps à fin de l'automne
Zone de rusticité : 3

# PAVOT D'ORIENT

< *Papaver orientale* 'Patty's Plum'

Les fleurs en coupe du pavot d'Orient, simples, semi-doubles ou doubles, à pétales entiers ou frangés, sont gigantesques (15 à 20 cm) et souvent de couleur voyante : rouges, orange ou rose vif, mais aussi blanches, pourpres ou dans des teintes pastel de rose. Souvent les fleurs ont de grosses taches noires à l'intérieur. Recherchez les cultivars à tiges solides qui n'ont pas besoin de tuteur.

Les feuilles découpées et très poilues commencent à pousser à l'automne, puis finissent leur développement au printemps. Elles jaunissent et entrent en dormance l'été. Souvent on combine le pavot d'Orient avec des graminées ou des hostas pour cacher le trou laissé par son feuillage.

Le pavot d'Orient préfère le plein soleil et un sol riche et bien drainé. Il peut tolérer les sols de moindre qualité, mais pas les sols détrempés en permanence. Il supporte les sécheresses profondes pendant sa période de dormance.

On le multiplie par division, par bouturage de racines ou par semences.

# PENSÉE DE CORSE

< *Viola corsica*

Les pensées sont, botaniquement, des violettes (*Viola*), mais les jardiniers aiment bien les distinguer des violettes à cause de leurs fleurs beaucoup plus grosses et de leur port en touffe plutôt qu'en rosette. La pensée des jardins (*Viola* x *wittrockiana*) est à peine une vivace (elle vit rarement plus de deux ans) et la petite pensée (*V. cornuta*) n'est guère mieux, mais il existe au moins une pensée réellement vivace… qui fleurit presque en toute saison, de surcroît ! Les fleurs bleu pourpré de 2,5 cm de diamètre sont striées de blanc et ont une petite tache jaune au centre.

La pensée de Corse préfère les sols humides et riches en matière organique, et un bon paillis pour conserver ses racines au frais. Malgré tout, elle tolère mieux la chaleur que la plupart des pensées. Des arrosages en période de sécheresse seront nécessaires pour la conserver en fleurs. Le soleil ou la mi-ombre lui conviennent bien.

On la multiplie par semences.

PENSTÉMON HIRSUTE NAIN

Nom botanique : *Penstemon hirsutus pygmaeus*

Famille : Scrophulariacées

Hauteur : 30 cm

Largeur : 30 cm

Exposition : soleil, mi-ombre

Sol : ordinaire, bien drainé, humide à sec

Floraison : presque tout l'été

Zone de rusticité : 2

PENSTÉMON 'HUSKER RED'

Nom botanique : *Penstemon digitalis* 'Husker Red'

Famille : Scrophulariacées

Hauteur (feuillage) : 60 à 90 cm

Hauteur (floraison) : 45 à 60 cm

Largeur : 45 cm

Exposition : soleil

Sol : ordinaire, bien drainé, humide à sec

Floraison : début de l'été

Zone de rusticité : 4 (3 sous couvert de neige)

# PENSTÉMON HIRSUTE NAIN

< *Penstemon hirsutus pygmaeus*

Le genre *Penstemon* est concentré dans l'Ouest nord-américain où l'on en trouve plus de 250 espèces. La plupart des variétés disponibles au Québec jusqu'à maintenant étaient peu rustiques et il fallait les cultiver comme annuelles, mais il existe aussi des espèces très rustiques, dont celle-ci. Il s'agit d'une version naine du seul penstémon indigène au Québec, le penstémon hirsute (*P. hirsitum*).

Le penstémon hirsute nain est une plante basse produisant des feuilles vert foncé lancéolées sur des tiges rampantes pourprées. Du début de l'été presque jusqu'à la fin, il produit des épis minces de petites fleurs tubulaires bicolores lavande, s'ouvrant en deux lèvres blanches.

Idéal pour la rocaille, la culture en contenant, le muret ou la bordure, le penstémon hirsute nain pousse au soleil ou à la mi-ombre dans tout sol bien drainé. Il tolère bien la sècheresse, mais préfère une humidité plus égale.

On le multiplie par division, par semences ou par bouturage de tige.

# PENSTÉMON 'HUSKER RED'

< *Penstemon digitalis* 'Husker Red'

Cette jolie vivace a été nommée vivace de l'année en 1996 par la Perennial Plant Association et pour une bonne raison : c'est une plante facile à cultiver qui donne des résultats extraordinaires dans des conditions bien ordinaires.

Le penstémon 'Husker Red' forme une touffe de feuilles lancéolées luisantes de 10 à 12 cm de longueur et de couleur originale : pourpre foncé. Au début de l'été, il produit aussi de minces mais solides tiges florales portant des fleurs tubulaires rose très pâle (elles paraissent toutefois blanches par contraste avec le feuillage si foncé).

Cette plante pousse très bien à la mi-ombre, mais son feuillage est alors moins coloré. Il faut le plein soleil pour obtenir le pourpre foncé tant souhaité. Le penstémon 'Husker Red' n'exige aucun traitement particulier, poussant très bien dans tous les sols bien drainés. **Attention** : il peut pourrir dans un sol détrempé !

On le multiplie par division ou par bouturage de tige.

Photo: Jeffries Nurseries

PETIT PRÊCHEUR, ARISÈME PETIT PRÊCHEUR

Nom botanique : *Arisaema triphyllum*

Famille : Aracées

Hauteur : 30 à 90 cm

Largeur : 30 cm

Exposition : ombre, mi-ombre

Sol : humide, riche

Floraison : printemps

Zone de rusticité : 3

# PETIT PRÊCHEUR

< *Arisaema triphyllum*

Curieuse plante que le petit prêcheur, presque extraterrestre en apparence, et pourtant c'est une plante indigène. Le feuillage n'est pas si original : deux feuilles trifoliées vertes sur une unique tige dressée, mais quelle fleur ! En fait, ce qui semble être une fleur est une inflorescence (regroupement de fleurs) composée d'une feuille tubulaire à la base et arquée au sommet appelée spathe, et au centre d'un épi de minuscules fleurs beiges appelé spadice. L'ensemble apparaît comme un prêcheur dans la chaire, d'où le nom commun. La spathe est généralement pourpre striée de vert pâle. La plante fructifie rarement, mais elle produit, quand elle le fait, un fruit rouge vif rappelant un épi de maïs par sa forme.

La plante pousse à partir d'un tubercule et croît mieux dans un sol humide et riche à la mi-ombre ou à l'ombre. C'est un excellent choix pour un sous-bois.

On multiplie le petit prêcheur surtout par division des tubercules.

# PETITE PERVENCHE

< *Vinca minor* 'Atropurpurea'

Couvre-sol classique, la petite pervenche est une plante rampante à feuillage persistant. Elle a en fait deux sortes de tiges : les plus courtes sont dressées et fleurissent, les autres sont longues et arquées; en touchant au sol, elles prennent racine pour former une nouvelle plante.

Les feuilles elliptiques sont coriaces et luisantes, vert foncé chez l'espèce, mais souvent panachées chez les cultivars. Les fleurs à cinq pétales sont surtout abondantes au printemps, mais remontent sporadiquement jusqu'à l'automne. Elles sont rarement très nombreuses. Elles sont bleu-violet chez l'espèce, blanches, pourpres et de différentes teintes de violet chez les cultivars.

Bien que considérée comme une plante d'ombre à cultiver comme couvre-sol dans les forêts denses, on peut obtenir de bons résultats avec cette plante presque n'importe où, même au soleil si le sol demeure un peu humide. La petite pervenche préfère les sols riches, mais tolère les sols plus pauvres et ne craint pas la compétition racinaire.

On la multiplie par division.

Photo: www.jardinierparesseux.com

PETITE PERVENCHE

Nom botanique : *Vinca minor*

Famille : Apocynacées

Hauteur : 7 à 20 cm

Largeur : indéfinie

Exposition : soleil à ombre

Sol : fertile, humide, bien drainé

Floraison : fin du printemps, puis sporadique jusqu'à l'automne

Zone de rusticité : 4

Photo: www.jardinierparesseux.com

PHLOMIS TUBÉREUX

Nom botanique : *Phlomis tuberosa*

Famille : Labiées

Hauteur : 120 à 180 cm

Largeur : 75 à 90 cm

Exposition : soleil

Sol : ordinaire à pauvre, bien drainé

Floraison : début à milieu de l'été

Zone de rusticité : 3

Photo: www.jardinierparesseux.com

PHLOX DES JARDINS

Nom botanique : *Phlox paniculata*

Famille : Polémoniacées

Hauteur : 60 à 120 cm

Largeur : 60 cm

Exposition : soleil ou mi-ombre

Sol : ordinaire à riche, moyennement humide

Floraison : milieu de l'été à début de l'automne

Zone de rusticité : 3

# PHLOMIS TUBÉREUX

< *Phlomis tuberosa*

C'est une belle grande vivace très solide qu'on ne voit pas assez souvent dans nos aménagements. La plante forme une rosette de grosses feuilles vert foncé gaufrées à marge crénelée et des tiges dressées rouge pourpré sur lesquelles apparaissent, à l'aisselle des feuilles, des inflorescences sphériques : on dirait une pagode à plusieurs étages. Les fleurs sont rose-lavande couvertes d'un capuchon en demi-lune, ce qui renforce l'apparence sphérique de l'ensemble. Les fleurs s'épanouissent pendant environ quatre à six semaines du début jusqu'au milieu de l'été, mais ne coupez pas les tiges florales trop vite ! Avec ses inflorescences séchées sphériques et sa tige rouge pourpré, le phlomis tubéreux continuera de plaire jusqu'au printemps suivant.

Plantez le phlomis tubéreux au soleil dans un sol bien drainé. Il réussit mieux dans un sol ordinaire ou même pauvre et tolère un peu de sécheresse.

On peut le multiplier par division des tubercules ou par semis.

# PHLOX DES JARDINS

< *Phlox paniculata* 'Nora Leigh'

Il faut tout de suite vous mettre en garde : il ne faut pas acheter n'importe quel phlox des jardins, seulement les cultivars (de plus en plus nombreux d'ailleurs) qui sont résistants au blanc, comme 'David', 'André', 'Bright Eyes', 'Eva Cullum', 'Nora Leigh', 'Shortwood', etc.

Le phlox des jardins est un classique de la plate-bande mixte, égayant la deuxième moitié de la saison estivale de ses épis de fleurs en trompette si parfumées. Les couleurs comprennent le blanc, le rose, le rouge, le lavande et plusieurs teintes bicolores. Le feuillage, porté sur des tiges dressées, peut être vert ou panaché.

Il s'adapte bien aux sols de jardin de toutes sortes, mais il préfère les terres plutôt riches et surtout toujours un peu humides. Il pousse à la mi-ombre, préférant toutefois le plein soleil. Il peut survivre pendant des décennies sans le moindre soin.

Multiplication par division ou par bouturage. Les graines ne sont pas fidèles au type.

Attention : plante susceptible d'être endommagée par les cerfs !

Photo: Jeffries Nurseries

PHLOX MOUSSE

Nom botanique : *Phlox subulata* et autres

Famille : Polémoniacées

Hauteur : 7,5 à 20 cm

Largeur : 50 à 90 cm

Exposition : soleil, mi-ombre

Sol : bien drainé

Floraison : milieu du printemps

Zone de rusticité : 2

# PHLOX MOUSSE

< *Phlox subulata* 'Fort Hill'

Il existe des dizaines de cultivars de ce joli phlox rampant qu'on peut difficilement imaginer être un cousin du grand phlox des jardins (fiche précédente), mais qui partage les mêmes fleurs en trompette. Il forme un tapis aplati, même pleureur si on le plante sur un muret, de tiges rampantes portant des tiges dressées plus courtes, le tout couvert de feuilles étroites et pointues, presque des aiguilles. Au printemps, la plante au complet se couvre de fleurs en trompette roses, rouges, violettes, lavande ou blanches, parfois bicolores. Le reste de l'été et jusqu'au printemps, le phlox mousse ressemble à un petit conifère rampant en raison de ses « aiguilles » persistantes.

Le plein soleil et un drainage parfait sont idéaux, mais autrement la qualité du sol a peu d'importance. À la mi-ombre, il fleurit moins. C'est un superbe choix pour les rocailles, les murets, les contenants et les pentes.

On le multiplie par division, par marcottage ou par bouturage de tige.

# PHYSOSTÉGIE

< *Physostegia virginiana* 'Variegata'

D'abord, il faut assurer le contrôle de cette plante rhizomateuse très jolie mais très envahissante avant de la planter. Il suffit de la placer à l'intérieur d'une barrière enfoncée dans le sol (voir p. 29-30) et vous aurez la paix.

La physostégie est une plante indigène aux tiges carrées bien espacées portant des feuilles vert foncé longues et étroites. Les fleurs roses ou blanches tubulaires, un peu en forme de gueule-de-loup (*Antirrhinum*), sont portées en quatre rangs très égaux : regardées du dessus, elles forment une croix parfaite. On peut les déplacer à gauche ou à droite et elles garderont leur nouvelle position, ce qui a valu à la plante le nom de « fleur-charnière ». La floraison a lieu, selon le cultivar, du milieu de l'été jusqu'à l'automne.

Cette plante des rives humides tolère tous les sols au moins un peu humides et préfère le soleil ou la mi-ombre.

On la multiplie facilement en déterrant l'un de ses nombreux rejets.

Photo : www.jardinierparesseux.com

PHYSOSTÉGIE, PHYSOSTÉGIE DE VIRGINIE, FLEUR-CHARNIÈRE

Nom botanique : *Physostegia virginiana*

Famille : Labiées

Hauteur : 45 à 90 cm

Largeur : illimitée

Exposition : soleil ou mi-ombre

Sol : tout sol au moins un peu humide

Floraison : milieu de l'été à début de l'automne

Zone de rusticité : 2

Photo: www.jardinierparesseux.com

PIGAMON À FEUILLES D'ANCOLIE, SABOT DE LA VIERGE
(COMTÉ DE CHARLEVOIX)

Nom botanique : *Thalictrum aquilegifolium*

Famille : Renonculacées

Hauteur : 80 à 120 cm

Largeur : 90 cm

Exposition : soleil, mi-ombre

Sol : bien drainé, humide et riche

Floraison : début à milieu de l'été

Zone de rusticité : 4

Photo: www.jardinierparesseux.com

PIGAMON DE ROCHEBRUNE

Nom botanique : *Thalictrum rochebrunianum*

Famille : Renonculacées

Hauteur : 120 à 200 cm

Largeur : 90 cm

Exposition : soleil, mi-ombre

Sol : bien drainé, humide et riche

Floraison : milieu à fin de l'été

Zone de rusticité : 4

# PIGAMON À FEUILLES D'ANCOLIE

### < *Thalictrum aquilegifolium*

Le pigamon à feuilles d'ancolie est une vieille de la vieille, cultivée depuis des générations en tant que plante médicinale et fleur coupée. Son feuillage bleu-vert est très original, ressemblant énormément à celui des ancolies, comme son nom le suggère (*aquilegifolia* veut dire « à feuilles d'ancolie ») : de petites folioles à lobes irréguliers portées sur des pétioles filiformes, qui donnent à la plante un effet vaporeux malgré les tiges solidement dressées. Cet effet s'accentue avec la floraison, des fleurs très plumeuses placées au sommet des tiges. Elles peuvent être lavande, pourpres, roses ou blanches.

C'est une plante lente à se développer, mais de culture très facile et parfaitement permanente. Le pigamon à feuilles d'ancolie pousse mieux à la mi-ombre dans un sol riche et humide, mais il peut croître au soleil et dans tout sol bien drainé.

Pour le multiplier, on peut diviser très délicatement une plante mature, mais il est souvent aussi facile d'obtenir de nouveaux plants par semis.

# PIGAMON DE ROCHEBRUNE

### < *Thalictrum rochebrunianum*

Ses feuilles superbement découpées sont portées sur de minces pétioles pourpres, ce qui donne un très bel effet aérien. La tige florale solide, résistante au vent, est pourpre aussi et porte des centaines de boutons ronds violets et de fleurs pendantes lavande. Celles-ci se composent de quatre pétales arqués vers l'arrière et d'une masse d'étamines jaunes pendantes : on dirait une ballerine mille-pattes !

Cette plante est très vaporeuse : mieux vaut la planter en groupes de trois ou plus pour créer de l'effet. Plantez le pigamon de Rochebrune au soleil ou à la mi-ombre dans un sol riche et bien drainé, toujours un peu humide.

On le multiplie par division ou par semences.

On le confond souvent avec le pigamon de Delavay (*T. delavayi*), une espèce plus courte, aux fleurs moins jolies, moins rustique et moins solide. Par contre, *T. delavayi* 'Hewitt's Double' présente des petites fleurs lavande doubles ressemblant à des mini-balles de ping-pong.

*Photo: Jeffries Nurseries*

PIVOINE À FEUILLES DE FOUGÈRE

Nom botanique : *Paeonia tenuifolia*

Famille : Renonculacées

Hauteur : 30 à 40 cm

Largeur : 60 cm

Exposition : soleil

Sol : bien drainé, riche

Floraison : milieu du printemps

Zone de rusticité : 4

*Photo: www.jardinierparesseux.com*

PIVOINE COMMUNE

Nom botanique : *Paeonia lactiflora*

Famille : Renonculacées

Hauteur : 75 à 120 cm

Largeur : 90 cm

Exposition : soleil

Sol : riche, bien drainé

Floraison : fin du printemps

Zone de rusticité : 3

# PIVOINE À FEUILLES DE FOUGÈRE

< *Paeonia tenuifolia* 'Plena'

C'est la plus hâtive des pivoines et celle dont le feuillage est le plus joli. Celui-ci est en effet très découpé, pas tant comme une fougère que comme un cosmos (*Cosmos bipinnatus*). Les tiges dressées sont coiffées de fleurs de 8 cm en forme de coupe. Elles sont rouge éclatant avec une masse d'étamines jaunes au centre. Il existe aussi des cultivars à fleurs doubles et à fleurs roses. Dans les régions où l'été est chaud et sec, les feuilles brunissent en plein été et la plante entre en dormance estivale. Ailleurs, les feuilles persistent jusqu'à l'automne.

On la plante au plein soleil dans un sol bien drainé et riche pour ne plus la déranger. Moins on s'en occupe, plus elle est belle. S'il faut la transplanter, faites-le à la fin de l'été et divisez-la, car de jeunes divisions reprennent mieux que les plantes adultes.

Laissez la multiplication de cette plante aux spécialistes.

# PIVOINE COMMUNE

< *Paeonia lactiflora* hybride

C'est la pivoine traditionnelle des jardins. Elle a un dôme arrondi de tiges dressées portant des feuilles découpées lisses et luisantes. Les fleurs printanières en forme de coupe sont grosses et parfois très parfumées. Elles peuvent être simples, semi-doubles, doubles ou « japonaises » (avec un amas d'étamines modifiées au centre), et blanches, roses ou rouges. Quelques variétés hybrides ont des fleurs jaunes. Le feuillage demeure attrayant même après la floraison, rougissant joliment à l'automne. Recherchez des pivoines à tige solide qui n'ont pas besoin de tuteur.

La pivoine aime le soleil, les sols riches et un bon drainage. Elle déteste les dérangements : normalement on plante une pivoine à demeure. S'il faut la déplacer, mieux vaut la diviser, car les jeunes plants reprennent mieux que les vieux. D'ailleurs, c'est une plante à racheter plutôt qu'à multiplier soi-même.

Les maladies des pivoines sont généralement inoffensives et ne valent pas la peine qu'on les traite.

PLANTE À CALICE, SILPHE PERFOLIÉ

Nom botanique : *Silphium perfoliatum*
Famille : Astéracées
Hauteur : 1,2 à 3 m
Largeur : 60 à 90 cm
Exposition : soleil
Sol : humide à très humide, riche, bien drainé
Floraison : milieu de l'été à début de septembre
Zone de rusticité : 4

PLATYCODON, FLEUR BALLON

Nom botanique : *Platycodon grandiflorus*
Famille : Campanulacées
Hauteur : 25 à 75 cm
Largeur : 30 à 60 cm
Exposition : soleil, mi-ombre
Sol : humide, riche, bien drainé
Floraison : milieu à fin de l'été
Zone de rusticité : 3

# PLANTE À CALICE

< *Silphium perfoliatum*

Gigantesque vivace, la plante à calice est originaire des Prairies, mais a depuis longtemps immigré dans nos régions par suite de la coupe des forêts. Elle produit des tiges carrées épaisses et curieusement ailées. De plus, les grandes feuilles dentées sont soudées autour de la plante, attrapant l'eau, ce qui lui a valu le nom de « plante à calice ». Les fleurs sont comme des petits tournesols (mais quand même de 7 cm de diamètre) aux rayons jaune tendre entourant un disque jaune plus foncé, et sont portées en grand nombre Les oiseaux viennent fréquemment boire dans les calices l'été et manger les graines l'hiver.

Elle aime le plein soleil et les sols riches et humides, même très humides, mais elle tolère bien les sols de moindre qualité et même la sécheresse une fois qu'elle est bien établie.

Multipliez-la par division ou par semences. Elle se ressèmera spontanément dans les lieux ouverts.

# PLATYCODON

< *Platycodon grandiflorus* et
*Platycodon grandiflorus* 'Albus'

Cette plante est une proche parente des campanules (*Campanula* spp.). Elle forme une touffe haute ou basse (beaucoup de cultivars récents sont des variétés naines) de tiges dressées portant de gros boutons floraux renflés comme un ballon. D'ailleurs, les enfants peuvent s'amuser à « péter les ballons » en les pressant quand ils ont pris leur couleur finale, ce qui fait éclater la fleur. Elle est en forme de coupe et normalement bleu-violet, mais on trouve des cultivars à fleurs présentant d'autres tons de violet, plus le blanc et le rose. Certains ont des fleurs doubles.

C'est une plante à croissance lente qui n'aime pas les dérangements. Plantez-la à demeure dans un site ensoleillé ou mi-ombragé et, si possible, dans un sol riche, humide et bien drainé. Marquez bien son emplacement à l'automne, car elle est très lente à paraître au printemps.

La plante est difficile à diviser, mais elle est générale-ment fidèle au type par semences.

Photo: Jeffries Nurseries

POLÉMOINE BLEUE, ÉCHELLE DE JACOB, VALÉRIANE GRECQUE

Nom botanique : *Polemonium caeruleum*

Famille : Polémoniacées

Hauteur : 20 à 60 cm

Largeur : 45 à 60 cm

Exposition : soleil, mi-ombre

Sol : humide, moyennement riche, bien drainé

Floraison : début à milieu de l'été

Zone de rusticité : 2

Photo: www.jardinierparesseux.com

POPULAGE DES MARAIS, SOUCI D'EAU

Nom botanique : *Caltha palustris*

Famille : Renonculacées

Hauteur : 30 cm

Largeur : 25 cm

Exposition : soleil, mi-ombre, ombre

Sol : riche, humide à détrempé

Floraison : printemps

Zone de rusticité : 3

# POLÉMOINE BLEUE

< *Polemonium caeruleum album*

Cette plante tient son nom coloré d' « échelle de Jacob » de ses feuilles pennées qui rappellent une échelle à un seul montant. La plante forme une touffe dressée de feuilles découpées, coiffées de tiges florales droites, peu feuillues. Vers le début de l'été, elle produit des bouquets de fleurs parfumées bleu violacé à cinq pétales aux étamines jaunes. Les fleurs rappellent un peu les fleurs de campanule par leur forme. Il existe aussi des cultivars à fleurs bleu azur, blanches et même roses. Il existe également deux cultivars panachés de blanc. 'Brise d'Anjou' est cependant peu vigoureux ; préférez-lui 'Snow and Sapphires'. Après la floraison, la plante reste attrayante grâce à ses feuilles rappelant des frondes de fougère.

C'est une plante sans complications qui pousse mieux à la mi-ombre, mais qui peut réussir au soleil si le sol demeure humide. On la multiplie par division, par bouturage de feuille et, pour l'espèce, par semences.

# POPULAGE DES MARAIS

< *Caltha palustris*

Le populage des marais est une vivace semi-aquatique. Elle peut pousser indifféremment dans l'eau ou dans un milieu terrestre, mais seulement dans les sols qui demeurent humides pendant la floraison. En plate-bande surélevée, un paillis est obligatoire pour réduire l'évaporation. Après la floraison, la plante entre en dormance et est alors davantage capable de tolérer la sécheresse. Le populage préfère le plein soleil dans un milieu détrempé, mais l'ombre quand il doit faire face à une sécheresse estivale.

Le populage forme une belle touffe de feuilles cordiformes vert foncé luisant qui sont déjà attrayantes en soi. Les fleurs sont spectaculaires. Chaque fleur (la plante en produit des dizaines sur une longue période) se compose de cinq pétales larges jaune bouton d'or et d'une masse d'étamines jaunes. Il existe aussi des variétés à fleurs doubles sans étamines et des variétés à fleurs blanches.

On le multiplie surtout par division, parfois par semences.

Photo : www.jardinierparesseux.com

POTENTILLE SANGUINE, POTENTILLE ROUGE SANGUIN

Nom botanique : *Potentilla atrosanguinea* et ses hybrides

Famille : Rosacées

Hauteur : 15 à 45 cm

Largeur : 45 à 60 cm

Exposition : soleil, mi-ombre

Sol : ordinaire, bien drainé, moyennement humide

Floraison : tout l'été

Zone de rusticité : 4

Photo : www.jardinierparesseux.com

PRIMEVÈRE DENTICULÉE

Nom botanique : *Primula denticulata*

Famille : Primulacées

Hauteur : 20 à 30 cm

Largeur : 30 cm

Exposition : mi-ombre, ombre

Sol : humide, riche en matière organique, bien drainé

Floraison : milieu du printemps

Zone de rusticité : 2

# POTENTILLE SANGUINE

< *Potentilla atrosanguinea* 'Yellow Queen'

Des 500 espèces de *Potentilla* vivaces, la potentille sanguine et ses hybrides sont les plus populaires dans les jardins. Il s'agit d'une vivace à feuilles persistantes vertes à trois folioles (parfois cinq) et portant de nombreuses tiges florales à fleurs en forme de rose, donc à cinq pétales. L'espèce a des fleurs rouge foncé, mais ses différents hybrides et cultivars peuvent avoir des fleurs orange, jaunes ou bicolores, en plus du rouge ; souvent elles sont semi-doubles ou doubles. Les tiges sont naturellement lâches et il est illusoire de penser les tuteurer toutes. Mieux vaut planter trois à sept plantes ensemble pour que les fleurs se mélangent et créent un effet plus dense.

C'est une plante très facile, qui demande peu d'attention, adaptée au plein soleil et à la mi-ombre et à presque tous les sols pas trop secs. Évitez les sols très riches qui donnent des tiges encore plus lâches.

Multiplication par division (par semences pour l'espèce).

# PRIMEVÈRE DENTICULÉE

< *Primula denticulata*

La primevère denticulée est probablement la primevère la plus facile à cultiver, du moins est-elle l'une des plus rustiques. Elle forme une petite rosette de feuilles dentées longues et sans pétioles. Les feuilles s'allongent (et la rosette grossit) après la floraison. Chaque rosette produit une (parfois plus) tige florale trapue coiffée d'une boule très dense de fleurs. Les fleurs sont petites mais nombreuses et dentelées, ce qui crée un très bel effet. L'espèce est à fleurs lavande, mais les cultivars ont aussi des fleurs blanches, roses ou rouges.

Comme toutes les primevères, la primevère denticulée apprécie bien le soleil au printemps, mais elle préfère l'ombre et la mi-ombre durant l'été. Un emplacement sous des arbres à feuilles caduques à racines profondes conviendrait parfaitement. Le sol sera riche en matière organique et humide même en été. Un bon paillis est fortement recommandé.

La division est possible mais délicate. Habituellement on la multiplie par semences.

Photo : Jeffries Nurseries

### PRIMEVÈRE DES JARDINS

Nom botanique : *Primula* x *polyantha*

Famille : Primulacées

Hauteur : 15 à 30 cm

Largeur : 30 cm

Exposition : mi-ombre, ombre

Sol : humide, riche en matière organique, bien drainé

Floraison : milieu à fin du printemps

Zone de rusticité : 3 à 5, selon la lignée

Photo : www.jardinierparesseux.com

### PRIMEVÈRE DU PÈRE VIAL

Nom botanique : *Primula vialii*

Famille : Primulacées

Hauteur : 30 à 45 cm

Largeur : 30 cm

Exposition : mi-ombre

Sol : humide, riche en matière organique,
bien drainé, alcalin

Floraison : début de l'été

Zone de rusticité : 4

# PRIMEVÈRE DES JARDINS

< *Primula* x *polyantha*

C'est la plus populaire des primevères et aussi la plus variée. Il existe des centaines de cultivars, souvent d'apparence assez différente. Les feuilles forment une rosette lâche de feuilles linguiformes et matelassées. Les fleurs peuvent être portées sur une tige dressée ou reposer carrément sur les feuilles. La gamme des couleurs est vaste : jaune, rose, bleu, violet, rouge, orangé ou pourpre, souvent à cœur jaune.

Choisissez toujours un cultivar « de jardin », car on produit aussi des lignées de serre qui ne sont pas toujours assez résistantes au froid pour nos plates-bandes. Même parmi les « hybrides de jardin », il y a des lignées de zone 5 et d'autres de zone 3.

Les primevères des jardins préfèrent un emplacement au soleil au printemps et à l'ombre ou à la mi-ombre et au frais l'été. Un sol riche en matière organique et toujours humide est recommandé, ainsi qu'un paillis.

Multiplication par division ou par semences.

# PRIMEVÈRE DU PÈRE VIAL

< *Primula vialii*

Il aurait été facile de remplir des pages et des pages de primevères, mais nous avons d'autres chats à fouetter. Finissons donc avec une primevère qui est très différente des autres.

À première vue, la primevère du père Vial ne ressemble même pas à une primevère, sauf peut-être par son feuillage linguiforme. À la place de grappes arrondies, les fleurs sont portées sur un épi dressé et étroit. Leurs boutons sont rouge brique et les fleurs presque étoilées affichent un joli rose lilas. Elles sont suavement parfumées, mais s'épanouissent très tardivement pour une primevère, soit à l'été.

Cette espèce apprécie les mêmes conditions que les autres primevères, mais elle est moins tolérante à l'ombre. On la cultivera à la mi-ombre dans un sol riche et humide. Elle compte parmi un petit groupe de primevères qui tolèrent les sols alcalins, mais elle pousse quand même bien dans un sol acide.

Multiplication par division ou par semences.

Photo : www.jardinierparesseux.com

PRUNELLE À GRANDES FLEURS

**Nom botanique** : *Prunella grandiflora* et *P.* x *webbiana*

**Famille** : Labiées

**Hauteur** : 20 à 30 cm

**Largeur** : 30 cm

**Exposition** : soleil, mi-ombre

**Sol** : humide, riche, bien drainé

**Floraison** : fin du printemps et début de l'été
  (tout l'été pour certains cultivars)

**Zone de rusticité** : 3

Photo : www.jardinierparesseux.com

PULMONAIRE HYBRIDE

**Nom botanique** : *Pulmonaria* x (hybrides de *P. saccharata*)

**Famille** : Boraginacées

**Hauteur** : 30 cm

**Largeur** : 60 cm

**Exposition** : soleil à ombre

**Sol** : tout sol bien drainé

**Floraison** : milieu du printemps

**Zone de rusticité** : 3

# PRUNELLE À GRANDES FLEURS

*< Prunella grandiflora* 'Freelander'

Cette vivace n'est pas très connue des jardiniers, mais quand la série Freelander a remporté une médaille d'or Fleuroselect en 2006, il y a eu un regain d'intérêt pour les prunelles en général.

La prunelle à grandes fleurs est une plante basse formant un dôme arrondi de feuilles opposées vert foncé. Les fleurs sont regroupées au sommet des tiges. Chaque fleur est composée de deux pétales; le pétale supérieur est en forme de capuchon. L'espèce a des fleurs pourpres, mais on trouve aussi des variétés roses, blanches et bleu-violet chez les cultivars. Beaucoup de cultivars fleurissent maintenant tout l'été jusqu'en octobre.

C'est un joli petit couvre-sol qui convient aussi à la bordure et à la rocaille. Elle préfère la mi-ombre ou un emplacement au soleil où elle sera à l'ombre durant les heures les plus chaudes de la journée. Le sol doit être riche et, surtout, toujours un peu humide. Un paillis est fortement recommandé.

# PULMONAIRE HYBRIDE

*< Pulmonaria* 'Trevi Fountain'

Il n'y a pas si longtemps, la pulmonaire typique de nos jardins était la pulmonaire tachetée (*Pulmonaria saccharata*), avec ses feuilles vertes tachetées de blanc argenté et ses fleurs roses en bouton, bleues et en forme d'entonnoir à l'épanouissement. Mais aujourd'hui, le marché est dominé par des hybrides, toujours avec *P. saccharata* comme ancêtre, mais nettement supérieurs à l'espèce en apparence et en performance. Les fleurs varient de bleu azur à pourpres et à blanches ou roses, et les feuilles ne sont plus seulement légèrement picotées, car elles présentent de belles taches d'argent substantielles ou sont entièrement argentées sauf une marge verte.

L'emplacement idéal est à la mi-ombre dans un sol riche en matière organique et toujours un peu humide, mais quand même bien drainé, mais les pulmonaires hybrides peuvent pousser au soleil ou à l'ombre et même dans les milieux secs. Elles tolèrent, sans nécessairement l'apprécier, la compétition racinaire. Recherchez des cultivars résistants au blanc.

Multiplication par division.

Photo : www.jardinierparesseux.com

PULMONAIRE ROUGE

Nom botanique : *Pulmonaria rubra*
Famille : Boraginacées
Hauteur : 30 cm
Largeur : 50 cm
Exposition : soleil à ombre
Sol : tout sol bien drainé
Floraison : milieu du printemps
Zone de rusticité : 3

Photo : Jeffries Nurseries

PULSATILLE, ANÉMONE PULSATILLE

Nom botanique : *Pulsatilla vulgaris*, syn. *Anemone pulsatilla*
Famille : Renonculacées
Hauteur : 15 à 30 cm
Largeur : 25 à 30 cm
Exposition : soleil, mi-ombre
Sol : ordinaire, moyennement humide, bien drainé
Floraison : début du printemps
Zone de rusticité : 2

# PULMONAIRE ROUGE

< *Pulmonaria rubra* 'David Ward'

Dans un genre reconnu pour ses plantes à feuillage tacheté et à fleurs bleues, la pulmonaire rouge fait très original. Ses feuilles veloutées sont uniformément vert moyen et les fleurs en entonnoir sont rouge corail. Côté port cependant, elle est typique des pulmonaires avec sa rosette basse qui persiste toute l'année. Il existe plusieurs cultivars dans différents tons de rouge, de rouge foncé à rouge saumoné, et mêmes des fleurs roses. Il y a également la superbe 'David Ward' à fleurs rouge corail typiques, mais à feuillage marginé de blanc.

Cultivez la pulmonaire rouge à la mi-ombre ou au soleil si le sol est toujours un peu humide. On peut aussi la planter à l'ombre, mais sa croissance sera plus lente. Le sol devrait être humide au printemps, mais quand même bien drainé. La plante tolère, sans les apprécier, de brèves sécheresses estivales.

On multiplie l'espèce par semences ou par division, les cultivars uniquement par division.

# PULSATILLE

< *Pulsatilla vulgaris*

Très tôt au printemps, à une période où la majorité des vivaces sont encore profondément endormies, la pulsatille est déjà en fleurs. Ses feuilles découpées sont encore à peine formées, mais ses grosses fleurs pourpres, en forme de coupe étoilée et à cœur bombé rempli d'étamines jaunes avec un « œil » pourpre en plein centre, sont déjà pleinement épanouies. On trouve aussi des cultivars à fleurs frangées, doubles, et violettes, rouges, blanches ou roses. Après la floraison, ses feuilles se développent pleinement, formant une rosette parfaitement ronde, et la plante se couvre de graines plumeuses.

C'est une plante à croissance assez lente qui reste fidèlement sur place, sans bouger, sans grossir, une fois qu'elle a atteint sa pleine taille pourtant modeste. Très adaptable, elle pousse au soleil et à la mi-ombre dans presque tout sol bien drainé, mais elle préfère les sols riches en matière organique et moyennement humides.

Multiplication par division ou par semences.

Photo : www.jardinierparesseux.com

**PYRÈTHRE ROUGE, PYRÈTHRE**

Nom botanique : *Tanacetum coccineum*, anc.
 *Chrysanthemum coccineum* et *Pyrethrum coccineum*

Famille : Astéracées

Hauteur : 45 à 90 cm

Largeur : 30 à 45 cm

Exposition : soleil, mi-ombre

Sol : riche, humide

Floraison : début à milieu de l'été

Zone de rusticité : 3

Photo : www.jardinierparesseux.com

**QUATRE-TEMPS, CORNOUILLER DU CANADA, ROUGETS**

Nom botanique : *Cornus canadensis*

Famille : Cornacées

Hauteur : 15 cm

Largeur : indéfinie

Exposition : soleil, mi-ombre, ombre

Sol : riche, humide, bien drainé, acide

Floraison : printemps à milieu de l'été

Zone de rusticité : 2

# PYRÈTHRE ROUGE

< *Tanacetum coccineum*

Non, ce n'est pas le pyrèthre utilisé dans la fabrication du pesticide du même nom, mais un parent assez éloigné. On le cultive surtout comme fleur coupée pour ses magnifiques marguerites à cœur jaune et à rayons si colorés, rouges ou roses, simples, semi-doubles ou doubles (oui, il y a des cultivars à fleurs blanches aussi, mais la vraie marguerite, *Leucanthemum*, produit de bien plus jolies fleurs, donc…). Malgré son feuillage découpé attrayant, cette plante est souvent décevante en plate-bande, avec des tiges florales peu solides, des petits problèmes d'insectes et de maladies, etc. On la plante habituellement un peu hors de vue pour la fleur coupée.

Cultivez le pyrèthre rouge au soleil ou à la mi-ombre (le soleil est toutefois préférable) dans un sol riche et humide. Un bon paillis aidera à le conserver plus longtemps, mais c'est une vivace peu longévive. Divisez-le ou ressemez-le aux trois ans pour le maintenir.

# QUATRE-TEMPS

< *Cornus canadensis*

Ce petit couvre-sol indigène pousse dans la forêt boréale. C'est une plante d'apparence très simple : seulement une courte tige coiffée de quatre à six feuilles plus ou moins en verticille et portant une fleur unique. Mais les apparences sont parfois trompeuses. En effet, sous le sol, il y a un vaste réseau de tiges ligneuses souterraines et la fleur n'est pas une fleur, mais composée de fleurs jaune-vert entourées de quatre bractées blanches. Si elles sont pollinisées, elles donnent des fruits verts devenant rouges à l'automne. Le feuillage aussi rougit joliment en fin de saison.

Le quatre-temps est étonnamment résistant au soleil direct pour une plante des sous-bois denses… tant que son sol demeure humide. Il préfère un sol acide. Plantez toujours des plantes de deux souches différentes pour assurer la pollinisation croisée nécessaire à la production de fruits.

Pour le multiplier, tranchez entre les plants au printemps et divisez-les au printemps suivant.

Photo: www.jardinierparesseux.com

REINE-DES-PRÉS, FILIPENDULE À FEUILLES D'ORME

Nom botanique : *Filipendula ulmaria* 'Flore Pleno'
Famille : Rosacées
Hauteur : 60 à 75 cm
Largeur : 30 cm
Exposition : soleil, mi-ombre
Sol : bien drainé, humide, riche
Floraison : début à milieu de l'été
Zone de rusticité : 3

Photo: Jeffries Nurseries

RENOUÉE BISTORTE, LANGUE DE BOEUF

Nom botanique : *Persicaria bistorta*,
	syn. *Polygonum bistorta*
Famille : Polygonacées
Hauteur : 50 à 75 cm
Largeur : 50 cm
Exposition : soleil, mi-ombre
Sol : tout sol humide
Floraison : tout l'été
Zone de rusticité : 3

# REINE-DES-PRÉS À FLEURS DOUBLES

< *Filipendula ulmaria* 'Flore Pleno'

La reine-des-prés a reçu ce nom à cause de sa grande résistance au vent qui la fait paraître fraîche comme une rose même quand le reste du pré a été aplati par le vent. La forme double est tout aussi solide, mais plus courte (l'espèce peut atteindre 1,2 m) et beaucoup plus voyante, car non seulement les masses de fleurs plumeuses blanc crème paraissent-elles plus denses et plus abondantes, elles durent aussi plus longtemps. Il s'agit d'une vivace à port presque arbustif, avec des feuilles composées vert moyen très fortement nervurées et dentées dont les folioles rappellent des feuilles d'orme. Le cultivar doré (*F. ulmaria* 'Aurea') est encore plus saisissant avec son feuillage chartreuse, mais ses fleurs plus minces blanc crème sont moins apparentes.

C'est une plante des sols humides à l'origine qui appréciera un bon paillis. Soleil ou mi-ombre.

On la multiplie par division; vous aurez besoin d'une hache ou d'une scie.

# RENOUÉE BISTORTE

< *Persicaria bistorta* 'Superba'

Il existe plus de 100 espèces de renouée, dont des annuelles, des fines herbes, des vivaces de grande taille… et beaucoup de mauvaises herbes. Cette espèce est probablement la plus populaire, notamment son cultivar *Persicaria bistora* 'Superba', aux fleurs plus grosses et plus denses que chez l'espèce. Les feuilles vert moyen sont longues avec une nervure centrale blanche, ondulées un peu sur le bord et arquées, ce qui permet de voir le dessus blanchâtre. Les épis floraux denses de fleurs rose pâle sont portés bien au-dessus du feuillage pendant tout l'été. Ils ont l'air plumeux en raison de leurs étamines proéminentes.

Cultivez la renouée bistorte au soleil ou à la mi-ombre dans tout sol humide, riche ou pauvre. Une fois établie, elle est étonnamment résistante à la compétition racinaire si on ne l'a pas plantée trop à l'ombre.

On la multiplie par semences ou par division.

RENOUÉE DU NÉPAL, RENOUÉE DE L'HIMALAYA

Nom botanique : *Persicaria affinis,* syn. *Polygonum affine*

Famille : Polygonacées

Hauteur : 15 à 20 cm

Largeur : indéfinie

Exposition : soleil, mi-ombre

Sol : tout sol humide

Floraison : début de l'été à fin de l'automne

Zone de rusticité : 3

RENOUÉE POLYMORPHE, GRANDE RENOUÉE, GRANDE RENOUÉE BLANCHE, PERSICAIRE À FORME VARIABLE, PERSICAIRE GÉANTE, PERSICAIRE POLYMORPHE

Nom botanique : *Persicaria polymorpha,* syn. *Polygonum polymorphum*

Famille : Polygonacées

Hauteur : 1,5 à 2,5 m

Largeur : 1,2 à 2,5 m

Exposition : soleil, mi-ombre, ombre

Sol : riche et frais

Floraison : tout l'été et automne

Zone de rusticité : 3

# RENOUÉE DU NÉPAL

< *Persicaria affinis* 'Superba'

La renouée de Népal est une petite plante « rase-sol » aux tiges complètement prostrées qu'on utilise comme couvre-sol. Les feuilles lancéolées, longues de 10 cm, sont plutôt dressées. Elles sont vert moyen avec un dos vert bleuté et se teintent de rouge pourpré à l'automne. Les petits épis floraux étroits commencent à paraître au début de l'été et se succèdent jusqu'à la fin. Ils paraissent souvent tricolores, car les boutons sont rose vif, les fleurs minuscules parfumées sont rose pâle ou blanches et les calices sont rouge vif.

La renouée du Népal préfère un sol riche, mais tolère les sols de toute qualité. L'important est qu'il y ait toujours de l'humidité : ce n'est pas une plante qui accepte bien la sécheresse. Ainsi, si elle supporte le soleil, elle est plus facile à maintenir à la mi-ombre. La plante s'étend assez rapidement, mais ses prolongements gênants sont faciles à arracher.

On la multiplie facilement par division.

# RENOUÉE POLYMORPHE

< *Persicaria polymorpha*

Cette nouveauté est probablement la plus grosse vivace couramment disponible, produisant une touffe dense de tiges tubulaires aux nœuds bien marqués poussant vers le haut et l'extérieur, ce qui lui donne un port évasé. Les feuilles sont simples, elliptiques et vert moyen. Aux premiers jours de l'été, l'extrémité des tiges se coiffe de panicules de fleurs blanches plumeuses qui se renouvellent tout l'été, devenant toutefois rosées et plus clairsemées à l'automne. Les fleurs sont odoriférantes, sentant le foin fraîchement coupé. L'effet d'ensemble de cette vivace massive est celui d'un astilbe fait arbuste.

La renouée polymorphe pousse dans presque toutes les conditions : soleil ou ombre, sol riche ou pauvre, léger ou lourd, humide ou sec, acide ou alcalin, etc. Par contre, sa croissance peut être ralentie par les situations de sécheresse, de sol très pauvre ou d'ombre profonde. Enfin, elle n'est pas envahissante, contrairement à beaucoup d'autres renouées.

On la multiplie par division ou par bouturage de tige.

Photo: www.jardinierparesseux.com

RHUBARBE DES JARDINS, RHUBARBE,
RHUBARBE OFFICINALE

Nom botanique : *Rheum* x *hybridum*, aussi *R. rhaponticum*,
   *R. rhabarbarum*

Famille : Polygonacées

Hauteur : 120 à 200 cm

Largeur : 120 à 200 cm

Exposition : soleil, mi-ombre

Sol : bien drainé, humide, riche en matière organique

Floraison : début de l'été

Zone de rusticité : 2

Photo: Jeffries Nurseries

RHUBARBE D'ORNEMENT, RHUBARBE DE CHINE,
RHUBARBE PALMÉE ROUGE

Nom botanique : *Rheum palmatum* 'Atrosanguineum',
   syn. *R. palmatum* 'Atropurpureum'

Famille : Polygonacées

Hauteur (feuillage) : 60 à 100 cm

Hauteur (floraison) : 120 à 200 cm

Largeur : 120 à 200 cm

Exposition : soleil, mi-ombre

Sol : humide, riche, bien drainé

Floraison : début de l'été

Zone de rusticité : 3

# RHUBARBE DES JARDINS

  <  *Rheum* x *hybridum*

Nos ancêtres devaient être masochistes. Comment expliquer autrement la croyance selon laquelle il fallait supprimer les superbes fleurs de la rhubarbe « pour ne pas affaiblir la plante » et ainsi se priver de leur splendeur ? Quelle absurdité ! S'il y a bien une plante vigoureuse et pleine d'énergie, c'est la rhubarbe. Pensez-vous vraiment que fleurir et fructifier vont lui nuire? D'ailleurs, sortez cette plante du potager, où elle se trouve dans vos jambes de toute façon. Avec ses énormes feuilles ondulées, ses épais pétioles souvent rouges et sa grande tige florale plumeuse blanc crème, comme un astilbe qui aurait pris des stéroïdes, elle mérite une place de vedette dans la plate-bande. Même après la floraison, ses feuilles sont superbes.

Cette plante à constitution de fer forgé préfère le soleil ou la mi-ombre et un sol bien drainé, de préférence (mais ce n'est pas une obligation) humide et riche en matière organique.

Multiplication par division ou par semences.

# RHUBARBE D'ORNEMENT

  <  *Rheum palmatum* 'Atrosanguineum'

Cette vivace gigantesque et spectaculaire risque de dominer votre plate-bande printanière avec ses feuilles énormes profondément lobées (comme une étoile géante) et fortement pourprées à l'endroit, totalement pourpres à l'envers, surtout quand sa tige florale rose monte vers le ciel portant des fleurs plumeuses rouge cerise. Même plus tard l'été, quand le feuillage devient vert moyen et les fleurs sont devenues des graines, elle demeure attrayante. Il y a une autre rhubarbe assez semblable, *R. palmatum tanguticum*, qui est aussi très intéressante. Ou cultivez l'espèce, *R. palmatum*, aux feuilles vertes à peine pourprées au printemps, mais aux fleurs blanches ou roses.

C'est une vivace à planter et à laisser tranquille : elle n'a pas besoin de dorlotement. Elle va au soleil ou à la mi-ombre et dans tout sol assez humide en tout temps (un paillis est recommandé) et bien drainé, de préférence riche en matière organique.

On la multiplie par semences ou par division.

Photo : www.jardinierparesseux.com

RODGERSIA À FEUILLES PENNÉES, RODGERSIA
À FEUILLES PENNÉES

Nom botanique : *Rodgersia pinnata*

Famille : Saxifragacées

Hauteur (feuillage) : 60 à 90 cm

Hauteur (floraison) : 90 à 120 cm

Largeur : 90 à 120 cm

Exposition : soleil, mi-ombre, ombre

Sol : humide à très humide, riche en matière organique

Floraison : fin du printemps, début de l'été

Zone de rusticité : 4

Photo : www.jardinierparesseux.com

RODGERSIA PODOPHYLLÉ, RODGERSIA À FEUILLES
EN PIED DE CANARD, RODGERSIA PODOPHYLLÉ

Nom botanique : *Rodgersia podophylla*

Famille : Saxifragacées

Hauteur (feuillage) : 90 cm

Hauteur (floraison) : 150 cm

Largeur : 150 cm

Exposition : soleil, mi-ombre, ombre

Sol : riche, humide à détrempé

Floraison : début à milieu de l'été

Zone de rusticité : 4

# RODGERSIA À FEUILLES PENNÉES

*< Rodgersia pinnata*

Croyez-le ou non, c'est l'un des plus petits rodgersias, ces grandes plantes d'allure exotique. Poussant à partir d'un épais rhizome, ce rodgersia produit de grandes feuilles pseudo-palmées (elles sont en fait pennées, mais semblent palmées) à cinq à sept folioles superbement nervurées. Chez l'espèce, les feuilles sont vertes, mais plusieurs cultivars ont des feuilles bronzées au printemps. Les fleurs, portées sur une haute tige, sont nombreuses et très plumeuses, blanches chez l'espèce, et roses ou rouges chez certains cultivars. *R. aesculifolia* est très semblable.

Cette plante presque semi-aquatique demande avant tout un sol humide, voire détrempé. Cela ne veut pas dire qu'on ne peut pas cultiver ce rodgersia dans une plate-bande typique, mais il faut pailler. Il préfère la mi-ombre et même l'ombre, mais il est parfait au soleil là où le sol est détrempé (près d'un jardin d'eau, par exemple). Pour une croissance luxuriante, mettez du compost !

On le multiplie par division ou par semences.

# RODGERSIA PODOPHYLLÉ

*< Rodgersia podophylla*

Le plus exotique des rodgersias est aussi le plus facile à cultiver. Peu de plantes rustiques ont une feuille aussi grosse (jusqu'à 60 cm), aussi joliment découpée, aussi superbement texturée. La feuille palmée est formée de cinq à sept folioles plutôt triangulaires, profondément nervurées et irrégulièrement et profondément découpées, un peu comme une feuille de chêne. Elle est souvent bronzée au printemps (certains cultivars sont presque pourpres) et redevient rougeâtre à l'automne, puis jaune riche avant de flétrir. Les fleurs plumeuses, blanches chez l'espèce, roses chez certains cultivars et portées en étages sur de hautes tiges, sont superbes aussi.

Cette plante aime l'eau. Cultivez-la dans un sol riche en matière organique qui retient l'eau et paillez abondamment. Elle serait très heureuse près d'un étang ou d'un ruisseau. La mi-ombre est parfaite et l'ombre convient bien aussi. On peut seulement la cultiver au soleil là où le sol est détrempé.

Multiplication par division ou par semences.

ROSE TRÉMIÈRE À FEUILLES DE FIGUIER

Nom botanique : *Alcea ficifolia*

Famille : Malvacées

Hauteur : 1,5 à 2,5 m

Largeur : 90 cm

Exposition : soleil, mi-ombre

Sol : assez humide, ordinaire, bien drainé

Floraison : début à milieu de l'été

Zone de rusticité : 3

RUDBECKIE 'GOLDSTURM'

Nom botanique : *Rudbeckia fulgida sullivantii* 'Goldsturm'

Famille : Astéracées

Hauteur : 60 cm

Largeur : 50 cm

Exposition : soleil

Sol : bien drainé

Floraison : milieu de l'été à l'automne

Zone de rusticité : 3

# ROSE TRÉMIÈRE À FEUILLES DE FIGUIER

< *Alcea ficifolia*

La rose trémière commune (*Alcea rosea*) est trop sujette à la rouille, une maladie qui brûle ses feuilles inférieures, pour être un bon choix pour les jardiniers paresseux, mais sa cousine, la rose trémière à feuilles de figuier est tout aussi jolie tout en étant résistante à la maladie.

Elle forme une touffe de grandes feuilles en forme de main près du sol, puis une haute et solide tige florale portant des fleurs simples en forme d'antenne parabolique. Elles sont habituellement jaune pâle ou pêche, mais il y a de plus en plus de cultivars à fleurs roses, rouges, pourpres et même presque noires.

Cette grande plante est une vivace de courte vie, mais elle se ressèmera spontanément si vous laissez des espaces libres de paillis. Repiquez alors les semis produits où bon vous semble. Si elle tolère la mi-ombre, elle va mieux au soleil. Elle donne d'excellents résultats même dans les sols de piètre qualité.

Attention : plante susceptible d'être endommagée par les cerfs et les scarabées japonais !

# RUDBECKIE 'GOLDSTURM'

< *Rudbeckia fulgida sullivantii* 'Goldsturm'

C'est la rudbeckie vivace classique de nos jardins. La plante produit une touffe de tiges dressées aux feuilles vert foncé et hirsutes, coiffées, des mois durant, de grosses fleurs à cône bombé noir entouré de rayons jaune soleil. C'est une excellente fleur coupée et intéressante pour les papillons qui la visitent en été et les oiseaux qui viennent manger ses graines en hiver (si vous ne la rabattez pas à l'automne, bien sûr !). Cette plante a remporté le titre de plante vivace de l'année 1999 de la Perennial Plant Association.

De culture très facile, la rudbeckie 'Goldsturm' ne demande que du soleil et un sol bien drainé. Le blanc atteint parfois son feuillage à l'automne si vous ne la paillez pas.

Attention à l'achat ! Cette plante se multiplie par division, n'étant pas fidèle au type par semences. Pourtant, certains pépiniéristes peu scrupuleux prétendent la reproduire par semences. Si votre 'Goldsturm' mesure 80 à 90 cm, c'est un imposteur !

Photo : www.jardinierparesseux.com

**RUDBECKIE LACINIÉE 'GOLDQUELLE'**

**Nom botanique :** *Rudbeckia laciniata* 'Goldquelle', syn. 'Gold Fountain', 'Gold Drop'

**Famille :** Astéracées

**Hauteur :** 75 à 120 cm

**Largeur :** 50 cm

**Exposition :** soleil, mi-ombre

**Sol :** humide, bien drainé, ordinaire

**Floraison :** fin de l'été et automne

**Zone de rusticité :** 3

Photo : www.jardinierparesseux.com

**RUDBECKIE TRILOBÉE**

**Nom botanique :** *Rudbeckia triloba*

**Famille :** Astéracées

**Hauteur :** 60 à 90 cm

**Largeur :** 45 cm

**Exposition :** soleil

**Sol :** bien drainé

**Floraison :** fin de l'été et automne

**Zone de rusticité :** 3

# RUDBECKIE LACINIÉE 'GOLDQUELLE'

< *Rudbeckia laciniata* 'Goldquelle'

La rudbeckie laciniée (*Rudbeckia laciniata*) est une plante indigène un peu trop envahissante et encline à pencher. C'est aussi le cas du cultivar 'Hortensia' ('Golden Glow'), à fleurs doubles, la traditionnelle « rudbeckie pompon » des jardins anciens (2 m et plus). Je suggère une plante plus basse et plus solide : 'Goldquelle'. C'est comme une version naine de 'Hortensia' : fleurs jaune vif pleinement doubles, feuilles découpées vert foncé, tiges dressées à la base, ployant un peu sous le poids des fleurs au sommet, mais de « seulement » 75 à 120 cm de hauteur. De plus, 'Goldquelle' pousse en touffes et n'envahit pas.

Une autre grande rudbeckie fort intéressante est *R. nitida* 'Herbstsonne' ('Autumn Sun') : fleurs simples avec un cône vert allongé. 2 m x 80 cm. Zone 3.

Contrairement aux autres rudbeckies, 'Goldquelle' préfère les sols humides et tolère moins que le plein soleil.

Multiplication par division.

# RUDBECKIE TRILOBÉE

< *Rudbeckia triloba*

La rudbeckie trilobée est une vivace indigène très ramifiée au port presque arbustif. Malgré son nom, les feuilles vert foncé ne sont pas toujours trilobées. Celles près du sommet, par exemple, sont presque toujours entières. Elle produit, pendant presque quatre mois, de fin juillet à octobre ou novembre, une très grande quantité d'inflorescences aux rayons jaunes et à disque bombé noir, typiques d'une rudbeckie, mais plus petites. Sur ce plan, elle bat la rudbeckie 'Goldsturm' (fiche précédente) à plates coutures… et quelle belle fleur coupée !

On peut la cultiver au soleil ou à la mi-ombre dans tout sol bien drainé, mais elle préfère les sols riches d'humidité égale. La plante tolère bien la sécheresse une fois qu'elle est établie. Elle peut être vivace ou bisannuelle, selon la provenance des graines, mais elle vit rarement au-delà de quatre ou cinq ans. Elle se multipliera spontanément par semences à condition de laisser quelques espaces libres de paillis.

Photo : www.jardinierparesseux.com

SAGINE, SAGINE SUBULÉE, MOUSSE ÉCOSSAISE

Nom botanique : *Sagina subulata*, syn. *Arenaria verna*,
    *A. caespitosa*, *Minuartia verna*, *Sagina glabra*

Famille : Caryophyllacées

Hauteur : 5 cm

Largeur : 30 cm

Exposition : soleil mi-ombre

Sol : humide, riche, bien drainé

Floraison : début à milieu de l'été

Zone de rusticité : 3

Photo : Jeffries Nurseries

SANGUISORBE DU JAPON, PIMPRENELLE DU JAPON

Nom botanique : *Sanguisorba obtusa*,
    syn. *Poterium obtusum*

Famille : Rosacées

Hauteur : 90 à 120 cm

Largeur : 60 à 90 cm

Exposition : soleil, mi-ombre

Sol : humide, riche en matière organique

Floraison : milieu de l'été

Zone de rusticité : 3

# SAGINE

*< Sagina subulata*

Que de noms botaniques pour une seule plante…
et les noms semblent changer au moindre vent !
Actuellement, la plante est revenue à son point de
départ : *Sagina subulata*. Il s'agit d'une toute petite
plante basse ressemblant à une mousse et composée
de petites feuilles étroites. Les fleurs blanches sont
minuscules, mais présentes, ce qui prouve du moins
hors de tout doute qu'il ne s'agit pas d'une mousse (les
mousses ne fleurissent jamais) !

On utilise surtout cette plante en rocaille, en couvre-
sol et entre les dalles des sentiers. Elle tolère une
vaste gamme de conditions, mais un bon drainage est
obligatoire. Sinon, les touffes ont tendance à bomber et
à décoller du sol, ce qui les fait mourir. Marchez dessus
pour les remettre en contact avec le sol.

Le cultivar *S. subulata glabrata* 'Aurea', appelé mousse
irlandaise, est encore plus populaire que l'espèce en
raison de son feuillage vert tendre. Il tolère moins bien
la mi-ombre que l'espèce.

On peut multiplier les sagines par division des touffes.

# SANGUISORBE DU JAPON

*< Sanguisorba obtusa*

Les sanguisorbes, aussi appelées pimprenelles, ont été
longtemps considérées uniquement comme des plantes
médicinales. Cela explique peut-être pourquoi on ne
les connaît pas mieux comme plantes ornementales, et
pourtant elles sont magnifiques. La plus belle est sans
doute la sanguisorbe du Japon. Son feuillage gris-vert est
penné avec 13 à 17 folioles très joliment dentées formant
une belle rosette. Puis, au milieu de l'été, de hautes
tiges, minces mais résistantes, se forment et donnent de
curieuses fleurs sans pétales en forme de queue de renard
(certains disent qu'elles ressemblent à des chenilles),
d'abord dressées, puis pendantes. À cause des nombreuses
étamines roses, elles paraissent très plumeuses. Après la
floraison, le feuillage reprend la vedette.

Une autre sanguisorbe à retenir est notre propre
sanguisorbe du Canada (*Sanguisorba canadensis*), plus
grande (1,2 à 1,5 m) et à épis blancs dressés.

Préférez le soleil ou la mi-ombre et un sol riche et
humide.

On la multiplie par division ou par semences.

Photo : www.jardinierparesseux.com

**SAUGE RUSSE, SAUGE D'AFGHANISTAN**

Nom botanique : *Perovskia* x *hybrida* (*P. atriplicifolia* hort.)

Famille : Labiées

Hauteur : 60 à 120 cm

Largeur : 60 à 90 cm

Exposition : soleil

Sol : bien drainé, sec

Floraison : milieu de l'été, début de l'automne

Zone de rusticité : 3

Photo : www.jardinierparesseux.com

**SAUGE SUPERBE**

Nom botanique : *Salvia nemorosa, S.* x *sylvestris* et
   *S.* x *superba*

Famille : Labiées

Hauteur : 20 à 60 cm

Largeur : 30 à 60 cm

Exposition : soleil, mi-ombre

Sol : humide, bien drainé

Floraison : tout l'été

Zone de rusticité : 4

# SAUGE RUSSE HYBRIDE

< *Perovskia* x *hybrida* 'Blue Spire'

Il s'agit d'un sous-arbrisseau qui a le port d'un arbuste mais un comportement de vivace, car elle meurt au sol, ou presque, tous les ans. Les tiges blanc argenté poussent vers le haut et l'extérieur, ce qui donne un port évasé. Les feuilles aromatiques sont gris-vert et très découpées. Au milieu de l'été, la plante se couvre d'une panicule ouverte composée d'innombrables calices argentés et de petites fleurs tubulaires bleu-violet. L'effet d'ensemble donne une coloration violet pâle argenté des plus agréables. Les tiges blanches persistent l'hiver.

Donnez à la sauge russe du soleil et un bon drainage, et elle sera très contente. Elle tolère même la séche-resse sans broncher, mais elle ne supporte pas les sols toujours humides. Ne rabattez pas les tiges à l'automne, ce qui pourrait lui être fatal. Attendez plutôt au printemps pour voir d'où partent les nou-velles pousses et taillez par-dessus.

On peut la multiplier par semences ou par bouturage de tige.

# SAUGE SUPERBE

< *Salvia nemorosa* 'Blauhügel'

Le terme « sauge superbe » s'applique à trois espèces très similaires (*Salvia nemorosa, S.* x *sylvestris* et *S.* x *superba*), mais il n'est pas nécessaire de faire de distinction. L'important est qu'elles sont toutes magnifiques, avec une très longue saison de floraison. Ce sont des plantes poussant en touffe dense au feuillage parfumé et portant des épis étroits de petites fleurs violettes, roses, rouges ou blanches. Souvent le calice aussi est coloré, ce qui prolonge la saison d'intérêt. Les meilleurs cultivars, comme 'Marcus', 'Schneehügel' ('Snow Hill') et 'Blauhügel' ('Blue Hill') fleurissent tout l'été. Notez que ces cultivars sont des plantes naines, ce qui est doublement intéressant puisque certains « grands » cultivars (plus de 45 cm) ont tendance à s'effondrer en plein été.

Ces plantes très adaptables préfèrent le plein soleil et un sol de toute qualité, humide mais bien drainé. Elles tolèrent toutefois la mi-ombre et la sécheresse.

Multiplication par division ou par bouturage.

Photo: www.jardinierparesseux.com

SAUGE VERTICILLÉE 'PURPLE RAIN'

Nom botanique : *Salvia verticillata* 'Purple Rain'
Famille : Labiées
Hauteur : 60 cm
Largeur : 45 cm
Exposition : soleil (mi-ombre)
Sol : pauvre, sec
Floraison : été
Zone de rusticité : 3

Photo: Jeffries Nurseries

SCABIEUSE COLUMBAIRE 'BLUE BUTTERFLIES'

Nom botanique : *Scabiosa columbaria* 'Blue Butterflies'
Famille : Dipsacacées
Hauteur : 30 à 38 cm
Largeur : 30 à 38 cm
Exposition : soleil
Sol : humide, bien drainé, alcalin
Floraison : début de l'été à début de l'automne
Zone de rusticité : 3

# SAUGE VERTICILLÉE 'PURPLE RAIN'

< *Salvia verticillata* 'Purple Rain'

La sauge verticillée pousse en touffes composées de feuilles en forme de flèche couvertes d'un duvet blanc mince qui lui confère une texture très douce qui donne envie de la flatter. Et on peut le faire, puisque les feuilles soyeuses sont délicieusement aromatiques ! Peu après le début de l'été, la plante se couvre d'épis floraux. Les fleurs sont placées par verticilles bien espacés, ce qui donne à l'épi l'effet d'un collier de perles violet cendré. Le calice aussi est violet, à peu près de la même couleur que les petites fleurs tubulaires. Ainsi, quand les fleurs tombent, l'effet persiste.

Elle aime le soleil et les sols pauvres et bien drainés, même secs et sablonneux. Elle s'adapte bien aux sols plus riches et plus humides, mais son besoin d'un drainage parfait demeure absolu. Elle peut aussi pousser à la mi-ombre, mais ses tiges sont alors moins fortes et peuvent plier.

Multiplication par bouturage de tige.

# SCABIEUSE COLUMBAIRE 'BLUE BUTTERFLIES'

< *Scabiosa columbaria* 'Blue Butterflies'

L'espèce, *Scabiosa columbaria*, est rarement cultivée, mais sa variante naine, 'Blue Butterflies', connaît une grande popularité depuis sa nomination comme vivace de l'année en 2 000 par la Perennial Plant Association. La plante forme une rosette aplatie de feuilles gris-vert et des tiges minces de 45 cm portant des inflorescences bleu lavande de 5 cm de diamètre. La « fleur » est composée d'un disque en forme de pelote d'épingles entouré de bractées nombreuses, d'allure semi-double. On trouve un cultivar dérivé à fleurs roses, 'Pink Mist'; le « rose » de cette fleur est cependant plus net sur photo que dans le jardin, où il est souvent plutôt lavande fade.

La scabieuse columbaire préfère une bonne humidité durant sa période de croissance, mais demande un bon drainage l'hiver. Idéalement, on la cultivera donc dans une plate-bande surélevée bien paillée. Plante de sol alcalin, elle s'adapte bien à l'acidité. Le soleil est de rigueur.

Multiplication par division.

*Photo : www.jardinierparesseux.com*

### SCABIEUSE DU CAUCASE

Nom botanique : *Scabiosa caucasica*

Famille : Dipsacacées

Hauteur : 45 à 60 cm

Largeur : 35 à 45 cm

Exposition : soleil

Sol : ordinaire, bien drainé

Floraison : tout l'été

Zone de rusticité : 3

# SCABIEUSE DU CAUCASE

*< Scabiosa caucasica alba*

Classique du jardin de fleurs coupées, la scabieuse du Caucase produit des feuilles basales lancéolées gris-vert, alors que les feuilles sur les tiges florales sont pennées. On ne cultive pas cette plante pour son feuillage assez quelconque, mais pour ses fleurs. Les inflorescences sont portées sur une mince mais robuste tige florale. Elles sont composées d'un disque central de fleurons à l'étamine proéminente, ce qui donne un effet de pelote d'épingles, et de bractées larges et irrégulièrement découpées. La couleur de base est bleu lavande, mais il y a des cultivars à fleurs bleu plus intense, roses ou blanches. La floraison dure tout l'été quand les conditions sont bonnes.

Offrez-lui le plein soleil et un sol bien drainé. Elle compose bien avec des sols très ordinaires, tendant même à s'affaisser dans les sols trop riches. Elle tolère mal les sols détrempés.

Multiplication par division et, pour les cultivars fidèles au type, par semences.

# SCEAU DE SALOMON HYBRIDE

*< Polygonatum x hybridum*

C'est la confusion totale dans les noms botaniques des sceaux de Salomon, mais cela importe peu au jardinier puisqu'ils se ressemblent comme des gouttes d'eau. Tenez pour acquis que, peu importe le nom sous lequel vous l'avez acheté, ce n'est probablement pas ça.

Tous les sceaux de Salomon produisent de gracieuses tiges arquées aux feuilles alternes lisses (parfois striées de blanc) et des fleurs blanches à pointes vertes suspendues sous les tiges sur des pédicelles filiformes. Elles sont portées par groupes de deux à quatre, selon l'espèce, et sont parfumées. Les fleurs sont suivies parfois de fruit ronds bleus ou noirs. Les tiges sont portées sur des rhizomes voyageurs. Avec le temps (leur croissance est *très* lente), elles forment de grosses touffes. Pour obtenir un bel effet sans devoir attendre 15 ans, plantez trois ou quatre plantes ensemble.

Ces plantes de sous-bois préfèrent l'ombre et la mi-ombre, et un sol riche, humide et plutôt acide.

Multiplication par division ou par bouturage de rhizome.

*Photo : www.jardinierparesseux.com*

### SCEAU DE SALOMON HYBRIDE

Nom botanique : *Polygonatum x hybridum,*
   syn. *P. multiflorum* (hort.), *P. commutatum* (hort.)

Famille : Liliacées

Hauteur : 90 à 120 cm

Largeur : 30 à 60 cm

Exposition : mi-ombre, ombre

Sol : humide, riche en matière organique, bien drainé

Floraison : fin du printemps, début de l'été

Zone de rusticité : 3

Photo: www.jardinierparesseux.com

SÉDUM BÂTARD, ORPIN BÂTARD, SÉDUM DU CAUCASE,
ORPIN DU CAUCASE

Noms botaniques : *Sedum spurium*

Famille : Crassulacées

Hauteur : 10 à 15 cm

Largeur : 30 à 60 cm

Exposition : soleil

Sol : ordinaire, bien drainé, même pauvre

Floraison : milieu de l'été

Zone de rusticité : 3

Photo: Jeffries Nurseries

SÉDUM D'AUTOMNE

Noms botaniques : *Sedum* x, *S. telephium, S. spectabile*
et autres*

Famille : Crassulacées

Hauteur : 30 à 60 cm

Largeur : 30 à 60 cm

Exposition : soleil

Sol : ordinaire, bien drainé, même pauvre

Floraison : fin de l'été et automne

Zone de rusticité : 3

* Le genre Hylotelephium, appliqué à ces plantes pendant quelques
années, n'est plus considéré comme valide.

# SÉDUM BÂTARD

< *Sedum spurium*

Il existe des centaines (littéralement) d'espèces de sédum rampant, mais le sédum bâtard est sans doute la plus populaire. Il conserve son feuillage à l'année et a donc une période d'intérêt plus longue que la plupart des autres.

C'est donc un sédum rampant dont l'extrémité est dressée, portant des feuilles charnues dentés et, pendant trois ou quatre semaines au milieu de l'été, de petits bouquets de fleurs étoilées rouge rosé. À l'automne, le feuillage devient souvent rougeâtre. Comme les tiges s'enracinent en touchant au sol, c'est une excellente plante tapissante. Le sédum bâtard a donné naissance à une vingtaine de cultivars, notamment à feuilles pourprées, bicolores ou tricolores, et aux fleurs allant de rouge à blanc.

Cultivez le sédum bâtard au plein soleil (il est moins coloré à la mi-ombre) dans tout sol bien drainé. C'est un excellent choix pour la rocaille, le contenant, le muret et même le toit vert.

Multiplication par bouturage de tige ou par division.

# SÉDUM D'AUTOMNE

< *Sedum* x 'Lajos' Autumn Charm[MD]

Il y a une foule de sédums d'automne, tous des plantes succulentes à épaisses tiges dressées et aux feuilles charnues formant un dôme arrondi. Les feuilles sont généralement vert glauque ou vert bleuté, parfois pourpres ou bicolores. Ils produisent à l'automne de grosses ombelles en demi-lune composées de dizaines de boutons renflés, souvent déjà colorés avant leur épanouissement, qui s'ouvrent en fleurs étoilées blanches, roses ou rouges. Leurs détracteurs disent qu'ils ressemblent à du brocoli… mais si le brocoli était aussi joliment coloré, sans doute qu'on le cultiverait en plate-bande ! Les papillons les adorent. La plante sèche sur place à la fin de l'automne, brunissant, mais restant attrayante l'hiver du moment que la neige n'est pas trop épaisse.

Ces plantes de plein soleil tolèrent les sols pauvres et secs, mais elles s'acclimatent aussi aux sols plus riches et même humides, pour autant qu'ils soient bien drainés.

Multiplication par bouturage de tige (parfois de feuille) ou par division.

Photo: www.jardinierparesseux.com

**SÉDUM DE KAMTCHATKA, ORPIN DE KAMTCHATKA, SÉDUM ORANGÉ**

Noms botaniques : *Sedum kamtschaticum*
    et *S. kamtschaticum floriferum,* syn. *S. floriferum*

Famille : Crassulacées

Hauteur : 15 à 20 cm

Largeur : 20 à 40 cm

Exposition : soleil

Sol : ordinaire, bien drainé, même pauvre

Floraison : presque tout l'été

Zone de rusticité : 3

# SÉDUM DE KAMTCHATKA

< *Sedum kamtschaticum*

Le sédum de Kamtchatka est l'un des sédums les plus florifères. Il s'agit d'une plante succulente aux tiges rougeâtres rampantes, dressées à l'extrémité, formant un tapis arrondi et dense de feuilles charnues, luisantes, en forme de cuiller étroite légèrement dentée à l'extrémité. Presque dès le début de l'été, et encore presque jusqu'à sa fin, la plante se couvre de fleurs jaune orangé. Du moins paraissent-elles jaune orangé. De proche, on voit que les fleurs étoilées sont jaune franc, mais que les boutons floraux et les capsules de graines sont rouges, ce qui donne un effet mélangé. Il existe plusieurs sous-espèces à fleurs plus nombreuses, jaune pur ou plus clair, à feuillage panaché, etc.

Cette plante se contente de très peu, pour autant qu'il y a du soleil. Elle peut même s'enraciner dans du gravier ! Tout sol bien drainé conviendra, même pauvre ou sec.

Multiplication par division ou par semences ; par bouturage seulement pour les cultivars.

Photo: www.jardinierparesseux.com

**SIDALCÉE HYBRIDE**

Nom botanique : *Sidalcea* x

Famille : Malvacées

Hauteur : 45 à 125 cm

Largeur : 45 à 60 cm

Exposition : soleil, mi-ombre

Sol : riche, humide, bien drainé

Floraison : début à fin de l'été

Zone de rusticité : 4

# SIDALCÉE HYBRIDE

< *Sidalcea* 'Mrs. T. Alderson'

La plupart des sidalcées modernes sont des hybrides assez proches, par leur taille et leur forme, de *Sidalcea malviflora*. Il s'agit donc d'une plante qui s'apparente un peu à une rose trémière (*Alcea*) par son port dressé, mais sans problème de rouille. Elle forme une touffe de feuilles arrondies à la base, mais de plus en plus découpées à mesure qu'elles montent sur les tiges florales. Les épis floraux terminaux portent des fleurs en forme d'antenne parabolique avec une colonne combinant les étamines et le stolon au centre. La texture des pétales est souvent mince et presque translucide. Les couleurs comprennent le blanc et toutes les teintes de rose, de pâle à presque rouge. La floraison dure la majeure partie de l'été.

Plantez les sidalcées au soleil ou à la mi-ombre dans un sol riche en matière organique et humide. Un bon paillis aidera à conserver l'humidité.

Multiplication par division ou par semis.

SMILACINE À GRAPPES

Nom botanique : *Smilacina racemosa*

Famille : Liliacées

Hauteur : 60 à 90 cm

Largeur : 30 à 60 cm

Exposition : soleil, mi-ombre, ombre

Sol : riche, humide, bien drainé

Floraison : fin du printemps

Zone de rusticité : 3

Photo : www.jardinierparesseux.com

SOUFFLE DE BÉBÉ, GRANDE GYPSOPHILE PANICULÉE, BROUILLARD

Nom botanique : *Gypsophila paniculata*

Famille : Caryophyllacées

Hauteur : 50 à 110 cm

Largeur : 90 cm

Exposition : soleil

Sol : bien drainé, alcalin

Floraison : tout l'été

Zone de rusticité : 3

Photo : Jeffries Nurseries

# SMILACINE À GRAPPES

< *Smilacina racemosa*

La smilacine à grappes est une plante indigène qui ressemble à un sceau de Salomon (*Polygonatum*) par son port… tant qu'elle n'est pas en fleurs : rhizome rampant produisant de grandes tiges arquées aux feuilles alternes lancéolées et joliment nervurées, etc. Mais les fleurs ne sont presque pas cachées sous les tiges : elles sont produites en panicules denses pyramidales à l'extrémité des tiges. Elles sont petites mais nombreuses, très parfumées, et créent, grâce aux étamines proéminentes, un effet plumeux. Après la floraison, des masses de petits fruits ronds verts se forment, devenant rouges à l'automne. Ils peuvent persister un certain temps si les animaux ne les mangent pas.

C'est une vivace de sous-bois qui aime être naturalisée dans un sous-bois au sol riche et humide. Elle tolère mal la sécheresse. Normalement, c'est une plante de mi-ombre ou d'ombre, mais elle tolérera le soleil si le sol est assez humide.

Multiplication par division.

# SOUFFLE DE BÉBÉ

< *Gypsophila paniculata* 'Bristol Fairy'

Qui ne connaît pas le souffle de bébé, cette délicate fleur d'accompagnement des roses coupées ? Les tiges minces portent une quantité importante de minuscules fleurs blanches ou rose pâle simples ou doubles qui font d'excellentes fleurs coupées fraîches ou séchées. Mais il ne faut pas voir cette plante uniquement comme une source de fleurs coupées, son effet de brouillard est fort intéressant dans la plate-bande aussi. Les feuilles, cantonnées à la base de la plante, sont longues, étroites et bleu-vert.

Le nom gypsophile veut dire « qui aime le gypse », un produit alcalin. Heureusement pour la majorité des jardiniers dont le sol est plus acide qu'alcalin, la gypsophile *tolère* les sols alcalins mais ne les exige pas. Tout sol bien drainé conviendra, même sec. Le soleil est toutefois de rigueur.

Comme la plante tolère mal les dérangements, la division est délicate. On la multiplie le plus facilement en… achetant d'autres plants !

Photo : www.jardinierparesseux.com

SPIGÉLIE DU MARYLAND

Nom botanique : *Spigelia marilandica*
Famille : Loganiacées
Hauteur : 30 à 60 cm
Largeur : 40 à 60 cm
Exposition : soleil à ombre
Sol : fertile, bien drainé
Floraison : début à milieu de l'été
Zone de rusticité : 4

Photo : www.jardinierparesseux.com

STATICE VIVACE, STATICE À FEUILLES PLATES,
STATICE À FEUILLES LARGES

Nom botanique : *Limonium platyphyllum,* anc. *L. latifolium*
Famille : Plumbaginacées
Hauteur : 60 à 90 cm
Largeur : 45 à 75 cm
Exposition : soleil
Sol : bien drainé
Floraison : tout l'été
Zone de rusticité :  3

# SPIGÉLIE DU MARYLAND

< *Spigelia marilandica*

La spigélie produit une touffe de tiges dressées aux feuilles vert foncé luisant. À l'extrémité de la tige se forme une série de boutons floraux, tous du même côté. Verts au début et renflés à une extrémité, comme une quille inversée, ils deviennent d'un rouge riche et intense qui attire tous les regards. Mais ce n'est pas fini, car l'extrémité du bouton éclate pour révéler une étoile jaune pâle. La plante ressemble alors à un fuchsia à fleurs dressées. Après environ six semaines de floraison, la plante redevient une simple plante à feuillage pour le reste de l'été.

Malgré ses origines de plante de sous-bois, la spigélie peut tolérer le plein soleil si le sol demeure humide. Elle préfère les sols riches en matière organique, mais elle peut pousser dans tout sol bien drainé.

La plante est lente à se diviser et les graines sont difficiles à récolter. Mieux vaut la laisser se ressemer spontanément.

# STATICE VIVACE

< *Limonium platyphyllum*

Vous avez probablement vu cette plante plus souvent dans des arrangements floraux que dans une plate-bande, car c'est une fleur séchée populaire, mais c'est en fait une vivace de culture facile qui crée un bel effet dans la plate-bande. Ses feuilles larges et aplaties forment une rosette quelconque au printemps, mais cela ne dure pas, car la plante produit rapidement des tiges résistantes très ramifiées et des milliers de minuscules fleurs lavande (violettes chez le cultivar 'Violetta'). Il est difficile de dire quand la floraison s'arrête, car les fleurs sèchent sur place, d'où l'impression d'une très longue floraison.

C'est une plante à croissance très lente qui n'aime pas les dérangements. Plantez de jeunes plants au soleil dans un sol très bien drainé, même sec. Une fois que la racine pivotante est bien établie, la plante est presque impossible à déterrer. À cause de son refus de se laisser manipuler, on utilise surtout des semis pour la multiplier.

Photo: www.jardinierparesseux.com

STOKÉSIE

Nom botanique : *Stokesia laevis*

Famille : Astéracées

Hauteur : 30 à 60 cm

Largeur : 30 à 45 cm

Exposition : soleil, mi-ombre

Sol : ordinaire, bien drainé

Floraison : milieu de l'été

Zone de rusticité : 5

Photo: Thompson & Morgan

TANAISIE NEIGEUSE

Nom botanique : *Tanacetum niveum*

Famille : Astéracées

Hauteur : 90 à 120 cm (à maturité)

Largeur : 40 cm

Exposition : soleil, mi-ombre

Sol : ordinaire, bien drainé

Floraison : milieu de l'été à début de l'automne

Zone de rusticité : 4

# STOKÉSIE

< *Stokesia laevis* 'Alba'

La stokésia ressemble à une centaurée, mais à fleurs plus grosses… beaucoup plus grosses, atteignant 8 à 10 cm de diamètre chez l'espèce, parfois 12 cm chez certains cultivars. Ce sont des fleurs composées : les fleurons centraux sont fertiles et courts, et les rayons stériles qui les entourent sont plus longs et plus colorés. Sauf que la stokésia a deux sortes de rayons : les rayons intérieurs sont minces, les rayons extérieurs, larges et découpés. Les fleurs varient entre le bleu lavande, le bleu-violet, le rose, le jaune crème et le blanc. Le feuillage vert foncé est persistant.

La stokésia a la réputation d'être peu rustique… pour les gens qui ne paillent pas ou qui, pire encore, coupent ses feuilles persistantes. Paillez votre stokésie, arrêtez de la tailler pour rien et vous ne la perdrez plus. Par ailleurs, sa culture est routinière : soleil ou mi-ombre et tout sol bien drainé.

Multiplication par division ou par semences (pour l'espèce, du moins).

# TANAISIE NEIGEUSE

< *Tanacetum niveum* 'Jackpot'

Cette belle grande vivace est vendue sous le nom de cultivar 'Jackpot'. Il s'agit d'une plante à croissance rapide (elle fleurit la première année à partir d'un semis fait à l'intérieur). Elle produit des feuilles duveteuses vert foncé très découpées et, à partir du milieu de l'été, une profusion de petites fleurs (2,5 cm de diamètre), exactement comme des mini-marguerites : blanches à cœur jaune. Notez que cette plante est souvent décrite comme atteignant seulement 40 ou 50 cm, mais cela s'applique seulement aux jeunes plants; à maturité, elle fait 90 cm et même 120 cm.

La tanaisie neigeuse provient de climats plutôt secs et tolère parfaitement les sols pauvres et secs. Pour une floraison abondante et surtout durable cependant, paillez pour éviter la sécheresse. Elle pousse très bien au soleil, mais demeure un peu plus petite à la mi-ombre.

Multiplication par semences, par division ou par bouturage de tige.

Photo : www.jardinierparesseux.com

THERMOPSIS DE LA CAROLINE, FAUX-LUPIN

Nom botanique : *Thermopsis caroliniana,* syn. *T. villosa*

Famille : Légumineuses

Hauteur : 90 à 150 cm

Largeur : 50 à 75 cm

Exposition : soleil

Sol : riche en matière organique, humide, bien drainé

Floraison : début de l'été

Zone de rusticité : 3

Photo : www.jardinierparesseux.com

THYM SERPOLET, SERPOLET

Nom botanique : *Thymus serpyllum*
et *Thymus* Coccineus Group

Famille : Lamiacées

Hauteur : 8 à 15 cm

Largeur : 30 à 60 cm

Exposition : soleil, mi-ombre

Sol : très bien drainé, sols secs et pauvres tolérés

Floraison : début à milieu de l'été

Zone de rusticité : 3

# THERMOPSIS DE LA CAROLINE

< *Thermopsis caroliniana*

Qui a besoin du lupin (*Lupinus*), avec tous ses problèmes, quand on a un si beau sosie ? Il s'agit d'une plante poussant en touffes dressées aux tiges solides duveteuses et aux feuilles trifoliées d'un joli bleu-vert. Au début de la belle saison, chaque tige produit un grand épi de fleurs jaunes en forme de fleur de pois, un effet qui dure trois à quatre semaines. Ensuite… eh bien, au moins vous avez un beau feuillage à admirer !

Plantez-le au plein soleil dans un sol quelconque (c'est une légumineuse, et comme toutes les plantes de sa famille, il fournit son propre engrais). Il est cependant très important de prévenir la sécheresse, sinon le feuillage s'assécherait, même complètement si la sécheresse est profonde, et pourrait forcer la plante à entrer en dormance estivale. Un sol riche en matière organique pour agir comme éponge et un paillis pour réduire l'évaporation sont donc recommandés. Malgré sa hauteur, aucun tuteur n'est nécessaire.

Multiplication par semences.

# THYM SERPOLET

< *Thymus serpyllum*

Le thym serpolet forme un tapis dense, plus bas au soleil qu'à la mi-ombre. C'est en fait un petit arbuste avec des branches ligneuses horizontales. Elles portent de petites feuilles qui dégagent un séduisant arôme lorsqu'on les frôle. Les fleurs minuscules, présentes du début au milieu de l'été, sont pourprées et couvrent presque toute la plante. Il existe aussi des cultivars dans différentes nuances de blanc, de lavande, de pourpre, de rose et de carmin.

Le thym serpolet s'adapte à des conditions diverses… pour autant que le sol demeure bien drainé et qu'il soit au soleil ou à la mi-ombre. Il pousse très bien dans les sols riches et assez humides, mais son milieu naturel est pauvre et plutôt aride, une bonne indication de sa tolérance à la sécheresse une fois qu'il est établi. Il est superbe en couvre-sol, en pelouse ou planté entre les dalles d'une terrasse ou d'un sentier.

On multiplie les cultivars surtout par bouturage, l'espèce par semences.

Photo: www.jardinierparesseux.com

TIARELLE

Nom botanique : *Tiarella* x
Famille : Saxifragacées
Hauteur : 20 à 30 cm
Largeur : indéfinie
Exposition : soleil à ombre
Sol : humide, riche, bien drainé
Floraison : fin du printemps, début de l'été
Zone de rusticité : 3

Photo: Jeffries Nurseries

TRILLE GRANDIFLORE, TRILLE À GRANDES FLEURS

Nom botanique : *Trillium grandiflorum*
Famille : Liliacées
Hauteur : 20 à 45 cm
Largeur : 30 cm
Exposition : mi-ombre, ombre
    (soleil dans les emplacements frais)
Sol : riche et humide
Floraison : fin du printemps, début de l'été
Zone de rusticité : 3

# TIARELLE HYBRIDE

< *Tiarella* 'Tiger Stripe'

Il n'y a pas si longtemps, une seule tiarelle était disponible : la tiarelle sauvage de nos forêts, soit la tiarelle cordifoliée (*Tiarella cordifolia*). C'est encore une excellente plante, mais de nos jours, ce sont des hybrides plus colorés qui dominent le marché. Il s'agit de plantes basses tapissantes, certaines plus que d'autres (les variétés à stolons créent des tapis plus rapidement), aux feuilles persistantes duveteuses, cordiformes ou étoilées. Souvent les feuilles sont un peu ou très marquées de pourpre. Les épis floraux printaniers sont dressés et densément chargés de petites fleurs étoilées. Leurs étamines proéminentes donnent un effet plumeux.

Cette plante des sous-bois denses pousse mieux à la mi-ombre ou à l'ombre dans un sol humide, riche et bien drainé, mais elle tolère les sols plus secs. Une fois établie, elle pousse très bien en présence de racines d'érable. On peut la cultiver au soleil si le sol demeure toujours humide.

On la multiplie facilement par division.

# TRILLE GRANDIFLORE

< *Trillium grandiflorum*

Le mot trille (*Trillium*) veut dire trois, et tout chez cette plante est triple, en commençant par les trois pétales larges et pointus, blanc pur avec une gorge jaune, qui rosissent à la fin de la floraison. Les fleurs s'épanouissent vers la fin du printemps et durent un bon trois semaines. La hauteur de la plante varie selon son âge : un jeune trille fleurira à 20 cm de hauteur, mais il peut atteindre 45 cm à maturité. Les trois feuilles sont larges, pointues et vertes. Elles sèchent habituellement avant l'automne Cette plante indigène forestière déteste les dérange-ments. Plantez-la à demeure dans un sol frais et humide, riche en matière organique. On la considère comme une plante d'ombre et de mi-ombre, mais elle pousse bien au soleil sous un paillis épais. Ne sarclez pas dans le secteur, car vous la tueriez !.

La plante se multiplie toute seule, mais elle est difficile à manipuler. Mieux vaut acheter d'autres plants !

Photo: www.jardinierparesseux.com

### TROLLE HYBRIDE

Nom botanique : *Trollius* x *cultorum*
Famille : Renonculacées
Hauteur : 50 à 90 cm
Largeur : 30 à 60 cm
Exposition : soleil, mi-ombre
Sol : riche, humide à détrempé
Floraison : printemps
Zone de rusticité : 3

# TROLLE HYBRIDE

< *Trollius* x *cultorum* 'Miss Mary Russel'

Non, il ne s'agit pas d'un petit lutin maléfique scandinave, mais d'un trolle végétal (avec un « e » à la fin). C'est une plante proche du bouton d'or (*Ranunculus* spp.), portant comme celui-ci des feuilles découpées et des fleurs jaune soleil brillant. Les fleurs de trolle sont cependant beaucoup plus grosses (5 à 7 cm de diamètre) et forment une boule qui ne s'ouvre jamais pleinement. Il existe aussi des cultivars orange et blanc crème. Heureusement que le feuillage vert foncé est attrayant durant l'été, car la floraison est strictement printanière.

Le trolle est une plante de marécage ; ainsi peut-on le faire pousser en bordure d'un plan d'eau… mais aussi dans une plate-bande « normale » si on applique un paillis et qu'on veille à arroser en période de sécheresse. Le soleil ou la mi-ombre et toute bonne terre de jardin conviendront.

On le multiplie par division.

# UVULAIRE GRANDIFLORE

< *Uvularia grandiflora*

L'uvulaire grandiflore est une très jolie plante qui pousse dans des endroits difficiles à meubler avec d'autres végétaux. Un peu comme le sceau de Salomon (*Polygonatum*), l'uvulaire produit des tiges d'abord dressées, puis arquées. Les feuilles vert moyen pendent mollement des tiges. Un coup d'œil de près montre un trait surprenant : les tiges transpercent les feuilles (on dit alors que les feuilles sont *perfoliées*). Les fleurs apparaissent à l'extrémité des tiges et sont pendantes avec de longs pétioles jaunes un peu tordus, comme un lis inversé. La floraison dure deux ou trois semaines ; le feuillage, par contre, persiste tout l'été.

L'uvulaire préfère un emplacement au soleil au printemps, mais à l'ombre ou à la mi-ombre l'été, comme sous un arbre caduc. Elle réussit mieux dans un sol humide et riche en humus, et finit par se développer même en cas de forte compétition racinaire. Un paillis est toujours utile.

On multiplie cette plante par division ou par semences fraîches.

Photo : www.jardinierparesseux.com

### UVULAIRE GRANDIFLORE

Nom botanique : *Uvularia grandiflora*
Famille : Liliacées
Hauteur : 30 à 45 cm
Largeur : 30 cm
Exposition : soleil, mi-ombre, ombre
Sol : riche, humide, bien drainé
Floraison : fin du printemps, début de l'été
Zone de rusticité : 3

Photo: www.jardinierparesseux.com

VALÉRIANE ROUGE, CENTRANTHE ROUGE

Nom botanique : *Centranthus ruber*

Famille : Valérianacées

Hauteur : 60 à 90 cm

Largeur : 30 à 60 cm

Exposition : soleil

Sol : bien drainé

Floraison : début de l'été à début de l'automne

Zone de rusticité : 3

Photo : Jeffries Nurseries

VERGE D'OR HYBRIDE

Nom botanique : *Solidago* x

Famille : Astéracées

Hauteur : 45 à 150 cm

Largeur : 30 à 60 cm

Exposition : soleil, mi-ombre

Sol : riche, humide, bien drainé

Floraison : milieu de l'été à début de l'automne

Zone de rusticité : 3

# VALÉRIANE ROUGE

< *Centranthus ruber*

Non, elle n'est pas rouge (tout au plus rose cramoisi) et elle ne ressemble en rien à la valériane (*Valeriana officinalis*), mais son nom commun est bien valériane rouge. Cette plante des falaises d'Europe se penche vers la source principale de lumière et sera donc plus attrayante quand elle est adossée à un mur ou encore face au sud.

Les feuilles entières étroites sont d'un beau bleu-vert et portées bien espacées sur des tiges arquées mais solides. Les petites fleurs tubulaires sont portées en masses denses à l'extrémité des tiges et à l'aisselle des feuilles. Elles peuvent être blanches, roses ou rose cramoisi. La floraison débute avec l'été et se prolonge souvent jusqu'aux gels, même si elle est plus abondante en début de saison.

Cette plante s'accommode des pires sols, pauvres et rocailleux, mais elle réussit très bien aussi dans une plate-bande riche. Le soleil est de rigueur.

On la multiplie par semences.

# VERGE D'OR HYBRIDE

< *Solidago* 'Crown of Rays'

La verge d'or du Canada (*Solidago canadensis*) est si omniprésente dans nos régions et a une telle réputation de mauvaise herbe que nous avons de la difficulté à concevoir que les verges d'or puissent être des plantes ornementales, mais regardez-y bien. Les Européens ont pris nos verges d'or sauvages et les ont croisées pour créer des plantes superbes et pas du tout envahissantes, souvent de taille moindre pour mieux paraître dans les jardins modernes.

La verge d'or hybride typique ne mesure que 45 à 90 cm et produit des tiges dressées de feuilles étroites ou larges et de fleurs plumeuses jaunes. Souvent elle fleurit dès le milieu de l'été et non seulement en fin de saison.

Les verges d'or vont au plein soleil ou à la mi-ombre dans un sol de jardin typique : riche, humide et bien drainé.

On les multiplie par division.

Photo: www.jardinierparesseux.com

VÉRONICASTRE DE VIRGINIE, FAUSSE VÉRONIQUE
DE VIRGINIE

Nom botanique : *Veronicastrum virginicum*,
    syn. *Veronica virginica*

Famille : Scrophulariacées

Hauteur : 90 cm à 1,5 m

Largeur : 60 à 100 cm

Exposition : soleil, mi-ombre

Sol : riche et humide

Floraison : fin de l'été

Zone de rusticité : 3

Photo: www.jardinierparesseux.com

VÉRONIQUE À ÉPIS

Nom botanique : *Veronica spicata* et *V. spicata incana*

Famille : Scrophulariacées

Hauteur : 10 à 60 cm

Largeur : 30 à 60 cm

Exposition : soleil, mi-ombre

Sol : riche, humide, bien drainé

Floraison : tout l'été

Zone de rusticité : 3

# VÉRONICASTRE DE VIRGINIE

< *Veronicastrum virginicum* 'Album'

Il s'agit d'une grande plante au port très dressé. Elle forme une touffe ouverte de tiges érigées aux feuilles verticillées longues et étroites. Les fleurs apparaissent surtout à la fin de l'été, même si certains cultivars commencent à fleurir plus tôt, vers la mi-juillet. Elles forment à la fois des épis principaux et des épis secondaires plus courts, ce qui crée un effet de candélabre. Les fleurs tubulaires sont très serrées et munies de longues étamines donnant un effet plumeux. Les couleurs vont de blanc à rose et à bleu lavande. La floraison dure de quatre à six semaines.

La véronicastre est une plante des marécages qui apprécie un sol riche en humus et humide à très humide. Dans les sols plus secs, il vaut mieux lui offrir un paillis. Elle tolère la mi-ombre mais préfère le plein soleil.

On la multiplie par division ou par bouturage de tige. Sauf pour l'espèce, les semis ne sont pas fidèles au type.

# VÉRONIQUE À ÉPIS

< *Veronica spicata* 'True Blue'

Le genre *Veronica* comprend plus de 250 espèces regroupées dans trois catégories : les grandes, les moyennes et les rampantes. La véronique à épis est typique des espèces de hauteur moyenne.

Cette véronique produit des touffes de tiges courtes dressées couvertes de feuilles lancéolées dentées vert foncé (*V. spicata incana*, la véronique argentée, diffère par ses feuilles gris argenté). De ces tiges émergent des épis dressés étroits, parfois deux fois plus hauts que le feuillage, composés de petites fleurs bleu violacé à étamines longues. Toutefois, la mode est aux plantes basses et la plupart des cultivars modernes ont des épis beaucoup plus courts. Il y a aussi un plus vaste choix de couleurs : rouge, rose, blanc, bleu, pourpre, etc.

Cultivez la véronique à épis au plein soleil ou à la mi-ombre dans un sol riche et humide. Un paillis aidera à maintenir une humidité convenable.

On la multiplie par division, par bouturage ou par semences.

Photo: www.jardinierparesseux.com

VÉRONIQUE À FEUILLES LONGUES

Nom botanique : *Veronica longifolia*
Famille : Scrophulariacées
Hauteur : 45 à 120 cm
Largeur : 60 cm
Exposition : soleil, mi-ombre
Sol : humide, bien drainé
Floraison : milieu à fin de l'été
Zone de rusticité : 3

Photo: Jeffries Nurseries

VÉRONIQUE DE WHITLEY

Nom botanique : *Veronica whitleyi*
Famille : Scrophulariacées
Hauteur : 5 cm
Largeur : 40 à 90 cm
Exposition : soleil
Sol : bien drainé
Floraison : fin du printemps, début de l'été
Zone de rusticité : 3

# VÉRONIQUE À FEUILLES LONGUES

< *Veronica longifolia*

Sous sa forme d'origine, la véronique à feuilles longues atteint 75 à 120 cm et est parmi les véroniques les plus hautes, mais en culture, on a développé beaucoup de sélections naines, parfois de seulement 45 cm. Malgré le nom, les feuilles ne sont pas particulièrement longues (rarement plus de 10 cm). Elles sont étroites et lancéolées, à marge dentée. Les épis terminaux sont hauts et étroits, portant densément des fleurs bleu-violet chez l'espèce, mais roses, blanches ou de plusieurs teintes de violet ou de pourpre chez les cultivars.

C'est une plante de culture très facile s'adaptant au soleil ou à la mi-ombre dans tout sol bien drainé mais pas trop sec. Les sols trop riches engendrent des tiges faibles. Pour contrer la « minceur » des épis (non pas leur nombre, mais vraiment leur étroitesse), il est toujours sage de planter cette plante par groupes de trois ou plus.

Multiplication par division, par bouturage ou par semences.

# VÉRONIQUE DE WHITLEY

< *Veronica whitleyi*

La véronique de Whitley est typique des nombreuses véroniques à croissance prostrée. Elle atteint à peine 5 cm de hauteur, mais peut couvrir une surface de la largeur d'une table de cuisine ! Ses feuilles vert grisâtre sont petites et très découpées. Elles sont persistantes, sans changement de couleur à l'automne. Au tout début de l'été, la plante se recouvre complètement de petites fleurs bleu saphir à œil blanc, légèrement striées de violet. En somme, elle forme un tapis parfaitement égal et très dense, beau en toute saison, mais spectaculaire au début de l'été.

La véronique de Whitley s'adapte à tous les sols, riches ou pauvres, sablonneux ou glaiseux, acides ou alcalins… pour autant qu'ils soient bien drainés. Elle tolère bien la sécheresse une fois qu'elle est bien établie. Elle préfère le soleil mais tolère la mi-ombre. Utilisez-la comme couvre-sol, en contenant, sur muret ou en rocaille.

On la multiplie par division, par marcottage ou par bouturage de tige.

Photo: www.jardinierparesseux.com

**VIOLETTE DU LABRADOR POURPRE,
VIOLETTE DE RIVINUS POURPRE**

Nom botanique : *Viola riviniana Purpurea,*
    *V. labradorica* 'Purpurea'

Famille : Violacées

Hauteur : 3 à 10 cm

Largeur : 30 cm

Exposition : soleil, mi-ombre, ombre

Sol : riche en matière organique, humide, bien drainé

Floraison : printemps, sporadique jusqu'à l'automne

Zone de rusticité : 4

Photo: www.jardinierparesseux.com

**WALDSTEINIE TRILOBÉE**

Nom botanique : *Waldsteinia ternata*

Famille : Rosacées

Hauteur : 15 à 20 cm

Largeur : indéfinie

Exposition : soleil à ombre

Sol : humide, riche, bien drainé

Floraison : fin du printemps, début de l'été

Zone de rusticité : 5

# VIOLETTE DU LABRADOR POURPRE

< Viola riviniana Purpurea

Cette petite violette est au coeur d'un quiproquo taxonomique international. On la vend sous le nom de *Viola labradorica* 'Purpurea', mais elle ne vient pas du Labrador (elle n'est même pas rustique au Labrador), mais plutôt d'Europe, et son nom, du moins pour l'instant, est *V. riviniana* Purpurea. Pourquoi pas tout simplement *Viola riviniana purpurea* ? C'est que *purpurea* est déjà pris. Attendez-vous donc à d'autres changements !

Il s'agit d'une toute petite violette formant un tapis épais grâce à ses rhizomes rampants et ses semis spontanés. Son feuillage cordiforme vert foncé est teinté de pourpre, surtout au printemps et à l'automne. Elle produit des petites fleurs pourpres typiques des violettes, à gorge blanche striée de noir. La floraison est plus intense au printemps, mais elle se répète sporadiquement durant tout l'été et l'automne.

Plantez-la dans un sol riche en matière organique, humide et frais, à la mi-ombre ou à l'ombre. C'est un excellent couvre-sol !

Multiplication par division ou par semences.

# WALDSTEINIE TRILOBÉE

< Waldsteinia ternata

Nous avons notre propre waldsteinie indigène, la waldsteinie faux-fraisier (*Waldsteinia fragaroides*), mais elle est malheureusement peu disponible dans le commerce, ce qui m'oblige à vous proposer plutôt l'espèce asiatique, *W. ternata*, tout aussi intéressante et d'ailleurs presque identique, même si elle est hélas moins rustique (la waldsteinie faux-fraisier est de zone 3 et peut-être 2, la waldsteinie trilobée, de zone 4).

Il s'agit d'un couvre-sol remarquable. Sa croissance est dense et égale, n'autorisant l'accès à aucune mauvaise herbe, son feuillage trifolié luisant est persistant et beau toute l'année, prenant une teinte bronzée l'hiver, ses fleurs jaunes sont voyantes et longévives, et elle se multiplie par stolons comme un fraisier. Les stolons sont cependant courts, ce qui fait que le tapis formé avance lentement, vous donnant tout le temps de le contenir s'il va trop loin. On peut difficilement imaginer meilleur couvre-sol !

On multiplie facilement la waldsteinie trilobée en prélevant des plantules enracinées.

## GLOSSAIRE

**Argileux :** qui contient de l'argile (voir aussi Glaiseux).

**Bois raméal fragmenté :** branches déchiquetées avec leurs feuilles (il constitue un paillis très riche).

**Cordiforme :** en forme de cœur.

**Cultivar :** variété obtenue et multipliée par l'humain. Son nom est indiqué par des guillemets anglais simples ('XXX').

**Glaiseux :** se dit d'une terre riche en glaise (argile) (voir aussi Argileux).

**Intergénérique :** se dit d'un croisement entre deux genres.

**Longévif (au féminin longévive) :** qui vit long-temps en parlant d'une plante.

**Mycorhize :** association symbiotique entre un champignon et les racines d'une plante supérieure.

**Paillis :** couche de matériau appliquée sur la surface du sol pour diverses raisons.

**Pédicelle :** support de chaque fleur quand le pédoncule est ramifié.

**Perfoliée :** se dit d'une feuille dont la base en-serre complètement la tige qui la porte, comme si cette dernière la traversait de part en part.

**Rustique :** qui s'adapte bien aux conditions climatiques du secteur. Au Canada, on utilise surtout ce terme pour désigner une plante résistant au froid dans une zone donnée.

**Xérophyte :** plante habitant les lieux très secs.

## BIBLIOGRAPHIE

ARMITAGE, ALLAN M., **Herbaceous Perennial Plants,** 2e éd. Stipes Publishing, Champaign, 1997, 1141 p.

Coll., **RHS Plant finder 2003-2004.** Dorling Kindersley Ltd., Londres, 2003, 954 p.

HODGSON, LARRY, **Les vivaces,** collection Le jardinier paresseux. Broquet, Saint-Constant, 1997, 542 p.

HODGSON, LARRY, **Making the Most of Shade.** Rodale, 2005, 407 p.

HODGSON, LARRY, **Perennials for Every Purpose.** Rodale, Emmaus, 2000, 502 p.

LARAMÉE, LOUISETTE, **Plantes vivaces – Guide pratique – Répertoire illustré.** La Maison des Fleurs Vivaces, Saint-Eustache, 1999, 512 p.

LARAMÉE, LOUISETTE & I. LANGLOIS, **Symphonie Jardin – Plantes vivaces et fines herbes – Les 4 saisons – Guide de référence.** La Maison des Fleurs Vivaces, Saint-Eustache, 2004, 82 p.

MARIE-VICTORIN, FRÈRE, **Flore Laurentienne,** 3e éd. Gaëtan Morin Éditeur, Boucherville, 2002, 1093 p.

MILLETTE, RÉJEAN D., **Les hostas.** Les Éditions de l'Homme, Montréal, 2003, 348 p.

MONDOR, ALBERT, **Le grand livre des vivaces – Guide pratique.** Les Éditions de l'Homme, Montréal, 2001, 390 p.

# INDEX

**A**

Absinthe des rivages,57
*Abutilon*,100
Acanthe de Bulgarie,50
Acanthe de Hongrie,50
*Acanthus bulgaricus*,50
*Acanthus hungaricus*,50
*Achillea* x 'Coronation Gold',50
*Achillea filipendulina*,50
*Achillea filipendula* 'Cloth of Gold',50
*Achillea millefolium*,51
*Achillea millefolium* 'Summer Pastels',51
*Achillea* x 'Moonshine',50
Achillée filipendule,50
Achillée jaune,50
Achillée millefeuille,51
Aconit 'Ivorine',51
Aconit napel,52
*Aconitum* 'Ivorine',51
*Aconitum lycoctonum lycoctonum*,51
*Aconitum napellus*,52
*Aconitum septentrionale* 'Ivorine',51
*Actaea pachypoda*,52
*Actaea racemosa*,75
Actée à gros pédicelles,52
Agastache 'Blue Fortune',53
Agastache fenouil,53
*Agastache foeniculum*,53
*Agastache rugosa*,53
*Ageratina altissima* 'Chocolate',85
*Ajuga reptans*,68
*Ajuga reptans* 'Atropurpurea',68
*Alcea*,38,139
*Alcea ficifolia*,132
*Alcea rosea*,132
*Alchemilla mollis*,53
Alchémille,53
*Allium schoenoprasum*,75,89
*Alyssum saxatile*,77
Aménager avec des vivaces,15
*Amsonia hubrechtii*,54
*Amsonia tabernaemontana*,54
Amsonie bleue,54
Amsonie de Arkansas,54
Analyse de sol,25
*Anchusa*,36
*Anchusa azurea*,68
*Anchusa azurea* 'Little John',68
*Anchusa azurea* 'Loddon Royalist',68
Ancolie hybride,54

Anémone du Japon,55
Anémone pusatille,126
Anémone tomenteuse,55
*Anemone huphehensis*,55
*Anemone* x *hybrida*,55
*Anemone* x *hybrida* 'Pamina',55
*Anemone japonica*,55
*Anemone pulsatilla*,126
*Anemone tomentosa* 'Robustissima',55
*Anemone vitifolia* 'Robustissima',55
Anthémis des teinturiers,56
*Anthemis tinctoria*,56
*Antirrhinum*,118
*Aquilegia* x *hybrida*,54
Arabette,56
Arabette du Caucase,56
*Arabis caucasia*,56
*Arenaria caespitosa*,134
*Arenaria verna*,134
*Arisaema triphyllum*,116
Arisème petit prêcheur,116
Armérie maritime,89
*Armeria maritima*,89
Armoise de Louisiane,57
Armoise de Louisiane 'Valerie Finnis',57
Armoise de Schmidt naine,58
Armoise de Steller naine,57
Armoise Silver Mound,58
Arrosage,32
*Artemisia ludoviciana* 'Valerie Finnis',57
*Artemisia schmidtiana*,37
*Artemisia schmidtiana* 'Nana',58
*Artemisia stelleriana* 'Boughton Silver',57
*Artemisia stelleriana* 'Silver Brocade',57
*Aruncus dioicus*,13,65
Asaret d'Europe,58
Asaret du Canada,58
*Asarum canadense*, 58
*Asarum europaeum*,58
Asclépiade incarnate,59
Asclépiade tubéreuse,59
*Asclepias incarnata*,59
*Asclepias incarnata* 'Ice Ballet',59
*Asclepias tuberosa*,59
Aspérule odorante,60
Aster à mille fleurs,67
*Aster amellus*,61
Aster d'automne,60
Aster d'automne nain,61
Aster d'automne nain 'Purple Dome',61
Aster d'été,61
Aster de New York,60
Aster de Nouvelle-Angleterre,60

Aster nain,61
*Aster x dumosus*,61
*Aster x frikartii*,61
*Aster x frikartii* 'Mönch',61
*Aster x frikartii* 'Wonder of Staffa',61
*Aster x frikartii* 'Wunder von Stäfa',61
*Aster novae-angliae*,60,61
*Aster novae-angliae* 'Purple Dome',61
*Aster novi-belgii*,60
*Aster novi-belgii* 'Alis haslam',60
*Aster novi-belgii* 'Kiestrbl',61
*Aster novi-belgii* 'Wood's',61
*Aster thomsonii*,61
*Astilbe x arendsii*,62
*Astilbe x arendsii* 'Ellie Van Veen',62
*Astilbe chinensis*,62
*Astilbe chinensis pumila*,62
*Astilbe chinensis taquetii*,62
Astilbe chinois nain,62
Astilbe de Chine,62
Astilbe hybride,62
*Astilbe x hybrida*,62
*Astilbe x rosea*,62
*Astilbe x thunbergii*,62
Astilboïde,63
*Astilboides tabularis*,63
Astrance radiaire,63
*Astrantia major*,63
*Astrantia major* 'Hadspen Blood',63
*Aubrieta x cultorum*,64
*Aubrieta x cultorum* 'Novalis',64
Aubriétie,64
Auge,14
*Aurinia saxatilis*,77
**B**
Baptisia australe,64
*Baptisia australis*,64
Barbe de bouc,13,65
Barrière de plantation,29
Benoîte hybride,65
*Bergenia cordifolia*,66
*Bergenia cordifolia* 'Morgenröte',66
Bergenia cordifolié,66
Bétoine,66
Bleuet vivace,71
*Boltonia asteroides* 'Snowbank',67
Boltonie,67
Boltonie 'Snowbank',67
Boule azurée,73
Bouton d'or,49,145
Bouturage,42
Brouillard,140
Brunnera,67
*Brunnera macrophylla*,67
Bugle rampante,68

Buglosse azurée,68
Buglosse d'Italie,68
**C**
*Caltha palustris*,122
Camomille,106
Camomille des teinturiers,56
*Campanula*,121
*Campanula carpatica*,69
*Campanula glomerata*,69
*Campanula lactiflora* 'Pouffe',70
*Campanula lactiflora* 'Pritchard's Variety',70
*Campanula muralis*,70
*Campanula portenschlagiana*,70
Campanule,121
Campanule à bouquet,69
Campanule à fleurs laiteuses naine,70
Campanule agglomérée,69
Campanule des Carpates,69
Campanule des murailles,70
Campanule lactiflore naine,70
Carte des zones de rusticité,11
Caryophyllacées,27
Casque de Jupiter,52
*Centaurea dealbata*,72
*Centaurea dealbata* 'Steenbergii',72
*Centaurea hypoleuca* 'John Coutts',72
*Centaurea macrocephala*,71
*Centaurea montana*,71
Centaurée à grosses fleurs,71
Centaurée à grosse tête,71
Centaurée blanchâtre,72
Centaurée de montagne,71
Centaurée de Perse,72
Centaurée des montagnes,71
Centranthe rouge,146
*Centranthus ruber*,146
Céphalaire géante,72
*Cephalaria gigantea*,72
Céraiste cotoneux,73
Céraiste tomenteux,73
*Cerastium tomentosum*,73
*Cerastium tomentosum columnae*,73
*Cerastium tomentosum* 'Silberteppich',73
*Cerastium tomentosum* 'Silver Carpet',73
*Cerastium tomentosum* 'Yo Yo',73
*Chamaemelum nobile*,106
Champignons mycorhiziens,27
Chardon bleu,73
Chardon bleu des Alpes,113
Chataire,109
*Chelone obliqua*,89
Chélone oblique,89
Choux nuage blanc,79
Chrysanthème d'automne,74
Chrysanthème des fleuristes,74

Chrysanthème-matricaire,106
Chrysanthème rubellum hybride,74
*Chrysanthemum coccineum*,127
*Chrysanthemum maximum*,92
*Chrysanthemum x morifolium*,74
*Chrysanthemum x morifolium* 'Jefbiz' Showbiz®,74
*Chrysanthemum x morifolium* 'Jefstorm' Firestorm®,74
*Chrysanthemum x morifolium* 'Jefttail' Tigertail®,74
*Chrysanthemum x morifolium* Firecracker,74
*Chrysanthemum x morifolium* Minn,74
*Chrysanthemum x morifolium* Morden,74
*Chrysanthemum x morifolium* My Favorite,74
*Chrysanthemum x rubellum* 'Clara Curtis',74
*Chrysanthemum x superbum*,92
Ciboulette,75 ,89
Cimicaire à grappes,75
*Cimicifuga racemosa*,75
Cimicifuge à grappes,75
Cimicifuge à grappes noires,75
Cimicifuge américaine,75
Clajeux,99
Cœur de Jeannette,76
Cœur de Marie,76
Cœur-saignant des jardins,76
Cœur-saignant du Pacifique,76
Compétition racinaire,30
Contenant,13
Convertir une plate-bande à
    l'entretien minimal,20
Coquelourde des jardins,77
Coqueret,49
Corbeille d'argent,56,97,73
Corbeille d'or,77
Coréopsis à grandes fleurs,78
Coréopsis rose,78
Coréopsis verticillé,78
*Coreopsis grandiflora*,36,78
*Coreopsis rosea*,78
*Coreopsis verticillata*,78
*Coreopsis verticillata* 'moon beam',78
Cornouiller du Cananda,127
*Cornus canadensis*,127
Corydale jaune,79
*Corydalis lutea*,79
Cosmos,120
*Cosmos bipinnatus*,120
Couvre-sol,12
*Crambe cordifolia*,79
Crambe à feuilles cordées,79
Crambe à feuilles en cœur,79
Crambe du Caucase,79
Croix-de-Jérusalem,80
Croix-de-Malte,80
Crucifères,27
Culture des vivaces,23

Culture en pot,43
**D**
Darméra,80
*Darmera peltata*,80
Définition - vivace,9
*Delphinium elatum*,36
*Dendranthema x grandiflorum*,74
*Dendranthema zawadskii latilobium*
    'Clara Curtis',74
Dentelaire bleue,49
Désespoir du peintre,81
*Dianthus x allwoodii*,110
*Dianthus gratianopolitanus*,110
*Dianthus gratianopolitanus* 'Grandiflora',110
*Dianthus plumarius*,110
*Dicentra formosa*,76
*Dicentra spectabilis*,76
*Dictamnus albus*,88
*Dictamnus albus purpureus*,88
Digitale à grandes fleurs,81
Digitale pourpre,81
Digitale vivace,81
*Digitalis grandiflora*,81
*Digitalis purpurea*,81
Division,41
Division de routine,40
Doronic hybride,82
*Doronicum x*,82
*Doronicum x* 'Little Leo',82
**E**
Échelle de Jacob,122
*Echinacea x*,82
*Echinacea x* 'Art's Pride' Orange
    Meadowbrite,82
*Echinacea paradoxa*,82
*Echinacea purpurea*,82,83
*Echinacea purpurea* 'Razzmatazz',83
Échinacée hybride,82
Échinacée pourpre,83
*Echinops ritro*,73
Écran,12
Éphémère de Virginie,83
Éphémérine de Virginie,83
Épiaire laineux,112
Épimède rouge,84
*Epimedium x rubrum*,84
Érable de maison,100
Érigéron,84
*Erigeron* 'Merstham Glory',84
Érynge des Alpes,113
*Eryngium alpinum*,113
*Eryngium alpinum* 'Blue Lace',113
Eupatoire blanche 'Chocolate',85
Eupatoire maculée 'Atropurpurea',85
Eupatoire rugueuse 'Chocolate',85

*Eupatoriadelphus purpureum maculatum*
    'Atropurpureum',85
*Eupatorium maculatum* 'Atropurpureum',85
*Eupatorium purpureum maculatum*
    'Atropurpureum',85
*Eupatorium rugosum* 'Chocolate',85
Euphorbe à feuilles de myrte,86
Euphorbe coussin,86
Euphorbe faux-myrte,86
Euphorbe polychrome,86
*Euphorbia epithymoides*,86
*Euphorbia myrsinites*,86
*Euphorbia polychroma*,86
Exposition,24
**F**
Fausse véronique de Virginie,147
Faux indigotier,64
Faux-lupin,143
*Filipendula rubra*,87
*Filipendula rubra* 'Venusta',87
*Filipendula ulmaria* 'Aurea',128
*Filipendula ulmaria* 'Flore Pleno',128
Filipendule à feuilles d'orme,128
Filipendule rouge,87
Fleur ballon,121
Fleur de lys,99
Fleur des elfes,84
Fleur-charnière,118
Forget-me-not,68,109
Fraisier décoratif,87
Fraisier intergénérique,87
X *Fragaria* 'Franor',87
X *Fragaria* 'Frel',87
X *Fragaria* 'Gerald Straley',87
X *Fragaria* 'Lipstick',87
X *Fragaria* Pink Panda®,87
X *Fragaria* Red Ruby®,87
Fraxinelle,88
Fumeterre jaune,79
**G**
Gaillarde,88
Gaillarde hybride,88
Gaillarde vivace,88
*Gaillardia* x *grandiflora*,88
Gaillet odorant,60
Galane oblique,89
*Galeobdolon luteum* 'Hermann's Pride',101
*Galium odoratum*,60
Gazon d'Espagne,89
*Geranium* 'Rozanne',90
Géranium 'Rozanne',90
Géranium à fleurs noires,90
Géranium livide,90
*Geranium phaeum*,90
Géranium sanguin strié,91

*Geranium sanguineum striatum*,91
*Geranium sanguineum striatum* 'Alan Bloom',91
*Geranium sanguineum striatum* 'Lancastriense',91
*Geranium sanguineum striatum* 'Max Frei',91
*Geranium sanguineum striatum* 'Prostratum',91
*Geum*,65
*Geum* 'Blazing Sunset',65
*Geum* 'Fireball',65
*Geum* 'Werner Arends',65
*Gillenia trifoliata*,91
Gillénie trifoliée,91
Gingembre sauvage,58
Giroflée,49
Glossaire,150
Grande berce,49
Grande camomille,105
Grande gypsophille paniculée,140
Grande marguerite,92
Grande radiaire,63
Grande renouée,129
Grande renouée blanche,129
Gueule-de-loup,118
*Gypsophila*,67
*Gypsophila paniculata*,79,140
*Gypsophila paniculata* 'Bristol Fairy',140
**H**
Haie,12
Hélénie automnale,92
Hélénie hybride,92
*Helenium* x,92
*Helenium autumnale*,92
*Helenium* x 'Moerheim Beauty',92
Hélianthe à belles fleurs 'Lemon Queen',93
Hélianthe à dix rayons double,93
Hélianthe multiflore double,93
*Helianthus decapetalus*,93
*Helianthus decapetalus* 'Flore-Pleno',93
*Helianthus decapetalus* 'Maximus Flore Pleno',93
*Helianthus decapetalus* 'Loddon Gold',93
*Helianthus helianthoides* 'Loraine Sunshine',94
*Helianthus* 'Lemon Queen',93
*Helianthus* x *laetiflorus* 'Lemon Queen',93
*Helianthus* x *multiflorus*,93
*Helianthus* x *multiflorus* 'Loddon Gold',93
Héliopside faux hélianthe,94
Héliopside tournesol,94
*Heliopsis helianthoides*,94
*Heliopsis helianthoides* 'Spitzentanzerin',94
Hellébore hybride,94
*Helleborus* x,94
*Helleborus* x *hybridus* 'White Lady Spotted',94
Hémérocalle,95
*Hemerocallis*,95
*Hemerocallis* 'Happy Returns',95
Herbe à dinde,51

Herbe aux chats,109
Herbe de Saint-Christophe,75
Herbe-aux-goutteux,49
*Heuchera* x,95
*Heuchera* x 'Hollywood',95
Heuchère hybride,95
Hibiscus vivace,49
Hosta,96
Hosta parfumé,96
*Hosta plantaginea*,96
*Hosta plantaginea* 'Aphrodite',96
Hosta plantain,96
*Hosta* x,96
*Hosta* x 'Sum and Substance',96
*Hydrangea* spp.,100
Hydrangée,100

**I**

Ibéride toujours verte,97
*Iberis sempervirens*,97
*Iberis sempervirens* 'Autumn Snow',97
*Iberis sempervirens* 'October Glory',97
*Iris cristata*,97
Iris dalmatien panaché,98
Iris de Sibérie,98
Iris des jardins,98
Iris à barbe,98
Iris à crête,97
Iris à parfum panaché,98
*Iris* x *germanica*,38,98
Iris nain à crête,97
*Iris pallida*,98
*Iris pallida* 'Argentea Variegata',98
*Iris pallida* 'Variegata',98
Iris pâle panaché,98
Iris panaché,98
*Iris sibirica*,98
*Iris sibirica* 'Pansy Purple',98
*Iris versicolor*,99
Iris versicolore,99
Irrigation goutte-à-goutte,45
Irrigation par tuyau poreux,33

**J**

Jardin en auge,14
Joubarbe,99

**K**

Kirengeshoma à feuilles palmées,100
*Kirengeshoma palmata*,100
*Knautia macedonica*,100
Knautie de Macédoine,100
Knautie macédonienne,100

**L**

*Lamiastrum galeobdolon* 'Hermann's Pride',101
Lamier doré,101
Lamier jaune,101
Lamier jaune 'Hermman's Pride',101

Lamier maculé,101
*Lamium galeobdolon*,101
*Lamium galeobdolon* 'Hermann's Pride',101
*Lamium luteum* 'Hermann's Pride',101
*Lamium maculatum*,101
*Lamium maculatum* 'Orchid Frost',101
Langue-de-boeuf,68,128
Lavande,109
*Lavatera thuringiaca*,102,107
Lavatère de Thuringe,102,107
Lavatère vivace,102
Leucanthème,92
*Leucanthemum*,127
*Leucanthemum vulgare*,92
*Leucanthemum* x *superbum*,92
*Leucanthemum* x *superbum* 'Agalaia',92
*Leucanthemum* x *superbum* 'Becky',92
*Leucanthemum* x *superbum* 'Marconi',92
*Leucanthemum* x *superbum* 'Sedgewick',92
Liatride à épis,102
*Liatris spicata*,102
*Liatris spicata* 'Kobold',102
Ligulaire à épis étroits 'The Rocket',103
Ligulaire d'or,103
Ligulaire de Przewalski,103
Ligulaire dentée,103
Ligulaire dentée à feuilles pourpres,103
*Ligularia dentata* 'Britt Marie Crawford',103
*Ligularia dentata* 'Desdemona',103
*Ligularia dentata* 'Othello',103
*Ligularia przewalskii*,103
*Ligularia stenocephala* 'The Rocket',103
*Lilium*,102
*Limonium latifolium*,141
*Limonium platyphyllum*,141
*Limonium platyphyllum* 'Violetta',141
Lin bleu,104
Lin commun,104
*Linum perenne*,104
*Linum usitatissimum*,104
Lis,102
Lis d'un jour,95
*Lobelia cardinalis*,105
*Lobelia* x *gerardii*,104
*Lobelia siphilitica*,104
Lobélie bleue,104
Lobélie cardinale,105
Lobélie syphilitique',104
Lupin,49,143
Lupin indigo,64
*Lupinus*,64,143
Lychnide coronaire,77
*Lychnis chalcedonica*,80
*Lychnis coronaria*,77
*Lysimachia clethroides*,109

*Lysimachia punctata*,106
Lysimaque à fleurs de clèthre,105
Lysimaque de Chine,105
Lysimaque ponctuée,106
*Lythrum salicaria*,49
**M**
Macleaya,49
Maladies,45
*Malva moschata*,102,107
Manteau de Notre-Dame,53
Mantelet de dame,53
Marcottage,43
Marguerite,127
Marguerite d'automne,74
Marguerite d'été,92
Marguerite des champs,92
Massif,11
Matricaire,106
Matricaire blanche,106
*Matricaria recutita*,106
Mauvaises herbes,47
Mauve musquée,107,102
Ménage automnal,38
Ménage printanier,39
Menthe-réglisse coréenne,53
Mertensia de Virginie,107
*Mertensia pulmonarioides*,107
*Mertensia virginica*,107
Méthode du papier journal,18
Millefeuille,51
*Minuartia verna*,134
Minuterie,34
Molène de Phénicie,108
*Monarda*,38
*Monarda* x,108
*Monarda* 'Gardenview Scarlet',108
*Monarda* 'Jacob Cline',108
*Monarda* 'Petite Delight',108
*Monarda* 'Petite Wonder',108
*Monarda* 'Scorpio',108
Monarde hybride,108
Mousse écossaise,134
Mousse irlandaise,134
Muguet,49
Multiplication,41
Mycorhizes,27
Myosotis,68
Myosotis des marais,109
Myosotis des marécages,109
Myosotis du Caucase,67
Myosotis faux-scorpion,109
*Myosotis palustris* 'Semperflorens',109
*Myosotis scorpioides*,68
*Myosotis scorpioides* 'Semperflorens',109

**N**
Népéta hybride de Faasen,109
*Nepeta mussinii*,109
*Nepeta x faassenii*,109
Nettoyage,37
Nouvelle plate-bande,18
**O**
Œillet de Grenoble,110
Œillet de mer,89
Œillet mignardise,110
Œnothère,111
*Oenothera fruticosa*,111
*Oenothera macrocarpa*,111
*Oenothera missouriensis*,111
*Oenothera tetragona*,111
Onagre du Missouri,111
Onagre frutescente,111
Onagre tétragone,111
Oreille d'agneau,112
Orpin bâtard,138
Orpin de Kamtchatka,139
Orpin du Caucase,138
Ortie jaune,101
**P**
*Pachysandra terminalis*,112
Pachysandre du Japon,112
*Paeonia lactiflora*,9,11,120
*Paeonia lactiflora* hybride,120
*Paeonia tenuifolia*,120
*Paeonia tenuifolia* 'Plena',120
Paillis,21
Panicaut des Alpes,113
*Papaver nudicaule*,113
*Papaver orientale*,114
*Papaver orientale* 'Patty's Plum',114
Papier journal,18
Parasites,45
Patte de lion,53
Pavot bleu,49
Pavot d'Islande,113
Pavot d'Orient,114
Pavot nudicaule,113
Pensée de Corse,114
Pensée des jardins,114
Penstémon 'Husker Red',115
*Penstemon digitalis* 'Husker Red',115
*Penstemon hirsitum*,115
Penstémon hirsute,115
Penstémon hirsute nain,115
*Penstemon hirsutus pygmaeus*,115
*Perovskia atriplicifolia*,135
*Perovskia x hybrida*,135
*Perovskia x hybrida* 'Blue Spire',135
Persicaire à forme variable,129
Persicaire géante,129

Persicaire polymorphe,15,129
*Persicaria affinis*,129
*Persicaria affinis* 'Superba',129
*Persicaria bistorta*,128
*Persicaria bistorta* 'Superba',128
*Persicaria polymorpha*,15,129
Petit prêcheur,116
Petite pensée,114
Petite pervenche,116
Phlomis tubéreux,117
*Phlomis tuberosa*,117
Phlox des jardins,117
Phlox mousse,118
*Phlox paniculata*,38, 117
*Phlox paniculata* 'André',117
*Phlox paniculata* 'Bright Eyes',117
*Phlox paniculata* 'David',16, 117
*Phlox paniculata* 'Eva Cullum',117
*Phlox paniculata* 'Nora Leigh',117
*Phlox paniculata* 'Shortwood',117
*Phlox subulata*,118
*Phlox subulata* 'Fort Hill',118
*Physostegia virginiana*,118
*Physostegia virginiana* 'Variegata',118
Physostégie,118
Physostégie de Virginie,118
Pigamon à feuilles d'ancolie,119
Pigamon de Delavay,119
Pigamon de Rochebrune,119
Pimprenelle du Japon,134
Pivoine à feuilles de fougère,120
Pivoine commune, 9,11,120
Plan d'aménagement,15
Plantation des vivaces,26
Plantation des vivaces à racines nues,28
Plantation en mélange,14
Plantation par taches de couleur,15
Plante à calice,121
Plante ombrelle,80
Plate-bande,11
Plate-bande d'entretien minimal,16
Platycodon,121
*Platycodon grandiflorus*,121
*Platycodon grandiflorus* 'Albus',121
Polémoine bleue,122
*Polemonium caeruleum*,122
*Polemonium caeruleum album*,122
*Polemonium caeruleum* 'Brise d'Anjou',122
*Polemonium caeruleum* 'Snow
    Sapphires',122
*Polygonatum*,140,145
*Polygonatum commutatum*,137
*Polygonatum* x *hybridum*,137
*Polygonatum multiflorum*,137
*Polygonum affine*,129

*Polygonum bistorta*,128
*Polygonum polymorphum*,129
Populage des marais,122
*Potentilla*,123
*Potentilla atrosanguinea*,123
*Potentilla atrosanguinea* 'Yellow Queen',123
*Potentilla palustris*,87
Potentille rouge sanguin,123
Potentille sanguine,123
Potentille vivace,87
*Poterium obtusum*,134
Poule et ses poussins,99
Pré fleuri,12
Primevère denticulée,123
Primevère des jardins,124
Primevère du père Vial,124
*Primula denticulata*,123
*Primula* x *polyantha*,124
*Primula vialii*,124
Protection hivernale,40
*Prunella grandiflora*,125
*Prunella grandiflora* 'Freelander',125
*Prunella* x *webbiana*,125
Prunelle à grandes fleurs,125
Pulmonaire hybride, 125
Pulmonaire rouge,126
Pulmonaire tachetée,125
*Pulmonaria* x,125
*Pulmonaria rubra*,126
*Pulmonaria rubra* 'David Ward',126
*Pulmonaria saccharata*,125
*Pulmonaria* 'Trevi Fountain',125
*Pulsatilla vulgaris*,126
Pulsatille,126
Pyrèthre,127
Pyrèthre rouge,127
*Pyrethrum coccineum*,127
**Q**
Quatre-temps,127
**R**
*Ranunculus* spp.,145
Reine des prairies,87
Reine-des-prés,128
Reine-des-prés à fleurs doubles,128
Reine-des-prés dorée,128
Renouée bistorte,128
Renouée de l'Himalaya,129
Renouée du Japon,49
Renouée du Népal,129
Renouée polymorphe,129
*Rheum* x *hybridum*,130
*Rheum palmatum*,130
*Rheum palmatum* 'Atropurpureum',130
*Rheum palmatum* 'Atrosanguineum',130
*Rheum palmatum tanguticum*,130

*Rheum rhabarbarum*,130
*Rheum rhaponticum*,130
Rhubarbe,130
Rhubarbe d'ornement,130
Rhubarbe de Chine,130
Rhubarbe des jardins,130
Rhubarbe officinale,130
Rhubarbe palmée rouge,130
Rocaille,12
Rodgersia à feuilles en pied de canard,131
Rodgersia à feuilles pennées,131
*Rodgersia aesculifolia*,131
*Rodgersia pinnata*,131
*Rodgersia podophylla*,131
Rodgersia podophyllé,131
*Rodgersia tabularis*,63
Rose de Noël hybride,94
Rose trémière,139
Rose trémière à feuilles de figuier,132
Rose trémière commune,132
Rougets,127
Rouille,38
*Rudbeckia fulgida sullivantii* 'Goldsturm',132
*Rudbeckia laciniata*,133
*Rudbeckia laciniata* 'Gold Drop',133
*Rudbeckia laciniata* 'Fountain',133
*Rudbeckia laciniata* 'Golden Glow',133
*Rudbeckia laciniata* 'Goldquelle',133
*Rudbeckia laciniata* 'Hortensia',133
*Rudbeckia nitida* 'Autumn Sun',133
*Rudbeckia nitida* 'Herbstsonne',133
*Rudbeckia triloba*,133
Rudbeckie 'Goldsturm',132
Rudbeckie laciniée,133
Rudbeckie laciniée 'Goldquelle',133
Rudbeckie pourpre,83
Rudbeckie trilobée,133
Rustique – définition,9
**S**
Sabot de la vierge,119
*Sagina glabra*,134
*Sagina subulata*,134
*Sagina subulata glabrata* 'Aurea',134
Sagine,134
Sagine subulée,134
*Saintpaulia ionantha*,9
Salicaire pourpre,49
*Salvia nemorosa*,135
*Salvia nemorosa* 'Blauhügel',135
*Salvia nemorosa* 'Blue Hill',135
*Salvia nemorosa* 'Marcus',135
*Salvia nemorosa* 'Schneehügel',135
*Salvia nemorosa* 'Snow Hill',135
*Salvia verticillata* 'Purple Rain',136
*Salvia x superba*,135

*Salvia* x *sylvestris*,135
*Sanguisorba canadensis*,134
*Sanguisorba obtusa*,134
Sanguisorbe du Canada,134
Sanguisorbe du Japon,134
Sauge d'Afghanistan,135
Sauge russe hybride,135
Sauge superbe,135
Sauge verticillée 'Purple Rain',136
*Saxifraga* 'Aureopunctata',81
*Saxifraga umbrosa* 'Aureopunctata',81
*Saxifraga* x *urbium* 'Aureopunctata',81
Saxifrage désespoir du peintre,81
Scabieuse,72
Scabieuse columbaire 'Blue Butterflies',136
Scabieuse du Caucase,137
Scabieuse géante,72
Scabieuse jaune,72
*Scabiosa*,72
*Scabiosa caucasica*,137
*Scabiosa caucasica alba*,137
*Scabiosa columbaria*,136
*Scabiosa columbaria* 'Blue Butterflies',136
*Scabiosa columbaria* 'Pink Mist',136
Sceau de Salomon hybride,137,140,145
Sédum bâtard,138
Sédum d'automne,138
Sédum de Kamtchatka,139
Sédum du Caucase,138
*Sedum floriferum*,139
*Sedum kamtschaticum*,139
*Sedum kamtschaticum floriferum*,139
Sédum orangé,139
*Sedum* x,138
*Sedum* x 'Lajos' Autumn Charm™,138
*Sedum spectabile*,138
*Sedum spurium*,138
*Sedum telephium*,138
Semis,42
*Sempervivum* 'Red',99
*Sempervivum* spp.,99
Serpolet,143
*Sidalcea* x,139
*Sidalcea malviflora*,139
*Sidalcea* 'Mrs. T. Alderson',139
Sidalcée hybride,139
*Silphium perfoliatum*,121
*Smilacina racemosa*,140
Smilacine à grappes,140
Sol,17
Soleil vivace 'Lemon Queen',93
*Solidago* x,146
*Solidago canadensis*,146
*Solidago* 'Crown of Rays',146
Souci d'eau,122

Souffle de bébé,67,79,140
*Spigelia marilandica*,141
Spigélie du Maryland,141
*Stachys byzantina*,112
*Stachys byzantina* 'Silver Carpet',112
*Stachys densiflora*,66
*Stachys grandiflora*,66
*Stachys lanata*,112
*Stachys macrantha*,66
*Stachys monieri*,66
*Stachys monieri* 'Hummelo',66
*Stachys olympica*,112
Statice à feuilles larges,141
Statice à feuilles plates,141
Statice vivace,141
*Stokesia laevis*,142
*Stokesia laevis* 'Alba',142
Stokésie,142
Suppression des fleurs fanées,35
**T**
Taches de couleur,15
Taille,35
Taille d'embellissement,37
*Tanacetum coccineum*,127
*Tanacetum niveum*,142
*Tanacetum niveum* 'Jackpot',142
*Tanacetum parthenium*,106
*Tanacetum parthenium* 'Aureum',106
Tanaisie neigeuse,142
*Thalictrum aquilegifolium*,119
*Thalictrum delavayi*,119
*Thalictrum delavayi* 'Hewitt's Double',119
*Thalictrum rochebrunianum*,119
*Thermopsis caroliniana*,143
Thermopsis de la Caroline,143
*Thermopsis villosa*,143
Thlaspi toujours vert,97
Thym serpolet,143
*Thymus* Coccineus Group,143
*Thymus serpyllum*,143
*Tiarella* x,144
*Tiarella cordifolia*,144
*Tiarella* 'Tiger Stripe',144
Tiarelle,144
Tiarelle cordifoliée,144
Tiarelle hybride,144
Tournesol à belles fleurs 'Lemon Queen',93
Tournesol vivace double,93
*Tradescantia* x *andersoniana*,37,83
*Tradescantia virginiana*,83
Trille à grandes fleurs,144
Trille grandiflore,144
*Trillium*,144
*Trillium grandiflorum*,144
Tritome,49

Trolle hybride,145
*Trollius* x *cultorum*,145
*Trollius* x *cultorum* 'Miss Mary Russel',145
Tuteurage,34
Tuyau poreux,33
Tuyau suintant,33
**U**
Utilisation des vivaces,11
Uvulaire grandiflore,145
*Uvularia grandiflora*,145
**V**
*Valeriana officinalis*,146
Valériane,146
Valériane grecque,122
Valériane rouge,146
*Verbascum phoeniceum*,108
*Verbascum phoeniceum* 'Violetta',108
*Verbascum* x,108
Verge d'or du Canada,146
Verge d'or hybride,146
Vergerette,84
*Veronica longifolia*,148
*Veronica spicata*,147
*Veronica spicata* 'Incana',147
*Veronica spicata* 'True Blue',147
*Veronica virginica*,147
*Veronica whitleyi*,148
Véronicastre de Virginie,147
*Veronicastrum virginicum*,147
*Veronicastrum virginicum* 'Album',147
Véronique à épis,147
Véronique à feuilles longues,148
Véronique argentée,147
Véronique de Whitley,148
*Vinca minor*,116
*Vinca minor* 'Atropurpurea',116
*Viola*,114
*Viola conuta*,114
*Viola corsica*,114
*Viola labradorica* 'Purpurea',149
*Viola riviniana* Purpurea,149
*Viola* x *wittrockiana*,114
Violette africaine,9
Violette de Corse,114
Violette de Rivinus pourpre,149
Violette du Labrador pourpre,149
**W**
*Waldsteinia fragaroides*,149
*Waldsteinia ternata*,149
Waldsteinie faux-fraisier,149
Waldsteinie trilobée,149
**Z**
Zones de rusticité,11